MARKETING PESSOAL POLÍTICO

Todo candidato a cargo público tem o sonho de um dia conseguir se eleger e ser reconhecido como uma autoridade e referência no partido, e junto à comunidade. A minha missão aqui é dar a você ferramentas para se promover e atingir esse objetivo.

Nos últimos dez anos tenho ensinado a arte da comunicação interpessoal, da psicologia comportamental no trabalho e ajudado muitos profissionais a se projetarem na carreira, a partir do comportamento adequado. Quero fazer o mesmo por você.

Neste projeto vou te auxiliar a ter uma imagem de credibilidade para que seu eleitorado tenha a certeza de que você é competente para representá-los num cargo público. Irei apresentar estratégias de comunicação interpessoal para que você possa arrebanhar muitos votos.

O marketing pessoal não é algo aleatório, como tudo é uma "ciência" que nos auxilia a criar sobretudo uma marca pessoal, um instrumento importantíssimo que pode ajudar a ressaltar características que devem estar implícitas na imagem do indivíduo político tais como: autoridade, liderança, segurança, integridade e carisma.

Aqui neste livro, vou ensiná-lo como gerenciar as impressões que as pessoas terão sobre você, que deve ser profissional e transmitir, especialmente, a sensação de honestidade e de competência, a partir de estratégias de comunicação, para que seus eleitores possam lhe julgar positivamente.

Com as técnicas e informações adquiridas você conseguirá:

1. Ter ar de autoridade.
2. Possuir uma comunicação que gera empatia.
3. Atrair a atenção das pessoas e gerar confiança em segundos.
4. Se sentir seguro para resolver problemas e transitar em qualquer grupo social.
5. Atrair e fidelizar eleitores.
6. Influenciar as pessoas com as suas ideias.
7. Contrair contatos em votos.

São dicas fundamentais para a sobrevivência numa campanha que, infelizmente, ninguém revela. Para obter essas informações você precisaria gastar muito dinheiro e bons anos de estudos, para talvez fechar esse quebra-cabeça. Porque as informações estão aí, mas fragmentadas em vários temas, não se encontram agrupadas num único curso, num lugar só.

Foi isso que eu percebi. Descobri algo revelador: consegui desvendar o mistério que está por trás da projeção da

[Digite texto]

imagem de sucesso. Então, revelarei as técnicas que considero as principais para que você seja uma pessoa bem-sucedida interpessoalmente na campanha, na carreira, para ter reconhecimento e conseguir prestígio.

Aqui, você aprenderá como ter uma imagem de sucesso que transmite liderança, que passa confiança, que influencia as pessoas a partir do comportamento correto, da aparência que encanta e da comunicação que envolve. Irá conhecer técnicas de persuasão, mecanismos psicológicos que auxiliam na venda da imagem e que melhoram a comunicação com o eleitorado, elemento de grande importância no processo de campanha. Verá também conceitos sobre a psicologia do traje, para que se vista de forma elegante e profissional em todos os palanques.

Ser bem-sucedido não é uma coisa que simplesmente acontece. O sucesso não irá cair em seu colo. Porém, o sucesso de fato ocorre, e pode acontecer com você também. Tudo que você precisa é ser bem orientado e fazer a capacitação certa para os seus objetivos. Apenas invista um pouco de tempo aqui comigo. Nesta jornada, você irá aprender muitas coisas que tornarão sua campanha mais produtiva, eu garanto.

Romaly de Carvalho

[Digite texto]

SUMÁRIO

Marketing Pessoal
06

Comunicação verbal e não-verbal
13

Persuasão e Etiqueta Profissional
39

[Digite texto]

Psicologia da Roupa – Como embalar a competência
66

[Digite texto]

Últimos Alertas
93

[Digite texto]

[Digite texto]

Marketing Pessoal
"As pessoas sempre tentam agradar aquelas que elas admiram e respeitam."

Para a contratação de um representante político os eleitores avaliam o conhecimento dos candidatos, mas esse não é o único critério exigido. A forma de agir - que é a postura, de se comunicar com as pessoas, e a aparência, são diferenciais importantes e têm grande peso na hora da escolha de um pretendente político.

A imagem pessoal está quase tão ligada à postura quanto ao conteúdo demonstrado pelo candidato. Fatores como atenção, fala modulada, confiança e bom humor costumam pesar mais do que as informações objetivas do currículo.

Segundo Nalini Ambady[1], da Universidade de Harvard, esses padrões são subjetivos, mas podem ser construídos com o Marketing Pessoal, que nada mais é que uma ferramenta utilizada por qualquer profissional que deseje ser um produto de valor. É um conjunto de atitudes que um indivíduo deve adotar com o objetivo de vender a imagem.

---

[1] Nalini Ambady, Professor, Universidade de Stanford, recebeu seu Ph.D. em psicologia social pela Universidade de Harvard

[Digite texto]

O Marketing Pessoal é composto de quatro pontos básicos que apresentam, quando utilizados juntos, resultados positivos:

1. Conteúdo – competência, conhecimento, experiência, caráter.

2. Postura – que deve transmitir honestidade e encantamento.

3. Comunicação interpessoal verbal e não verbal – confiança, atenção, modulação correta da voz, fatores emocionais.

4. A aparência da pessoa – que impacta muito na percepção que as pessoas têm de nós e nos classifica positiva ou negativamente.

O marketing pessoal ajuda a criar a marca da pessoa e é uma ferramenta importantíssima, que colabora para ressaltar características como liderança, segurança, honestidade e carisma. A principal ideia do marketing pessoal neste caso em específico, em campanha eleitoral, é gerenciar a impressão que as pessoas terão sobre você, que deve ser profissional e transmitir, sobretudo, honestidade. É uma estratégia usada para "vender" a imagem, e influencia a forma como as outras pessoas olham para quem a utiliza.

[Digite texto]

A ferramenta é muito procurada por aqueles que buscam entrar no mercado de trabalho e por políticos também, como forma de diferenciar-se de todos os outros. Assim, nas entrevistas de emprego, por exemplo, o marketing pessoal assume uma importância vital, porque o candidato tem que saber como se expressar para ser congruente com a demanda da empresa.

Um postulante à vaga de parlamentar também deve saber mostrar que é confiante, que tem valor, que é competente, que é bom comunicador, e que pode contribuir com o crescimento do bairro, da cidade, do estado, do país.

Tão importante como saber, é saber mostrar que sabe. Não adianta ter um bom currículo, se a comunicação interpessoal for ruim. O pretenso político será um produto que irá emperrar na prateleira e não valerá muita coisa.

Sempre que penso em marketing pessoal, lembro-me de um exemplo que provavelmente já fez parte da sua vida ou ao qual você, em algum momento, já presenciou, situações onde duas pessoas que exercem a mesma função dentro de uma empresa, tendo currículos parecidos e formação similar, onde uma se destaca mais que a outra, sendo sempre citada como exemplo, enquanto a outra fica no ostracismo. Isso ocorre, normalmente, porque uma delas sabe se vender e a outra não.

[Digite texto]

O Produto é Você

Para Kotler (2003), marketing pessoal é "uma nova disciplina, que utiliza conceitos e instrumentos do marketing em benefícios da carreira e das vivências pessoais dos indivíduos, valorizando o ser humano em todos os seus atributos, características e complexa estrutura".

É simples entender, imagine o seguinte. Se você fosse criar uma marca nova, como você gostaria que essa marca fosse apresentada no mercado? Talvez como uma marca mais querida, lembrada, desejada, reconhecida. Pois é, nós também temos que construir uma "marca pessoal" onde o produto é você.

Quantas pessoas você conhece que têm uma capacidade brilhante no planejar/executar e que passa uma imagem negativa? Isso acontece quando as pessoas não se importam em construir uma boa imagem para si.

E como saber se seu marketing pessoal está com uma imagem positiva? Comece analisando a sua imagem pessoal, isto é, a sua aparência, a sua forma de comunicação e o seu comportamento. Conseguimos mensurar o que as pessoas acham da nossa marca quando não estamos presentes, ou seja, "a sua marca é o que as pessoas falam quando não está na sala", alguém já disse.

A formação da Imagem

A formação da imagem pessoal e profissional passa por uma condição essencial: ou a pessoa tem ou a pessoa não tem uma boa imagem, que é a capacidade de transmitir credibilidade, de transmitir confiança para as pessoas.

A nossa imagem é a nossa marca, que guarda o mesmo princípio na construção de conceito do marketing de produto, ou seja, quanto mais impressões positivas deixarmos na mente das pessoas, mais nos consolidaremos como uma marca no mercado.

A marca pessoal é construída continuamente, ao longo do tempo e de acordo com a qualidade das interações que temos com os outros; não pode ser imposta e pode ser positiva ou negativa.

Se as interações geradas durante o relacionamento forem registradas como negativas, materializamos uma marca sem força, que transmitirá descrédito. Já quando temos uma conduta e uma formação adequada para o meio que frequentamos, passamos a ser vistos como um conceito a ser observado e muitas vezes seguido. Viramos uma referência.

[Digite texto]

Mas o que é imagem?

É um conjunto de atributos que o indivíduo deve possuir a partir da forma como ele se comunica e interage com seus pares. No caso do candidato político podemos dizer que a imagem adequada do político seria a capacidade de ele transmitir honestidade para o grupo social que ele eleger. Esta honestidade deve ter como base o atributo de transferir na comunicação verbal e não-verbal conceitos tais como honradez, preceitos morais sociais válidos, decência e, sobretudo, conteúdo. É necessário que o candidato tenha pleno conhecimento de gestão pública, e de dados relevantes estatísticos e acerca das necessidades da população.

A imagem é determinada pela forma como as pessoas nos percebem e é construída pela maneira como nos apresentamos para o mundo. O julgamento é feito pelos outros e não por você mesmo. De maneira que, o jeito como você se comunica verbalmente através do discurso, e não verbalmente, pela gesticulação, movimento do corpo, pela forma de se vestir, de ouvir as pessoas, pelo aperto de mãos, pelo contato visual, influencia na forma como você será avaliado pelo eleitorado. Além disso, é claro, existe o conteúdo propriamente dito gerado pela formação da pessoa, nível de educação, afiliação política e de

[Digite texto]

experiência. Tudo isso afeta em como você será ajuizado e medido pelos eleitores.

Agora me responda sinceramente. A sua imagem, o que ela transmite para os outros? Ela ressalta suas qualidades ou prejudica seus esforços para se destacar?

Isso é muito sério, pois se você for um produto ruim, ninguém irá comprá-lo. É preciso fazer uma análise crítica da imagem que você projeta hoje, por mais difícil que seja, pois você já tem uma marca pessoal, goste ou não da ideia. Se sua marca for fraca não irá convencer ninguém. Então, é importante cuidar da imagem pessoal para gerenciar o que os outros irão pensar a seu respoeito. Controlando dessa maneira você terá grandes chances de alcançar o êxito na campanha.

A imagem se forma assim. Quando olhamos alguém estranho, um artista, um modelo, uma personalidade ilustre ou não, imediatamente formulamos uma opinião a respeito desse sujeito e o qualificamos de várias formas: agradável, desagradável, confiável, inseguro, prepotente, tímido, feliz, cordial, engraçado, inteligente, triste, líder, bobo e por aí vai. A lista é grande e pessoal.

[Digite texto]

Formamos a impressão sobre a pessoa a partir da forma como ela interage conosco. A imagem é, portanto, uma fotografia que alguém pega, vê, analisa e tira suas conclusões sobre ela a partir do que aquela imagem reflete. O mais fantástico é que o julgamento é realizado nos primeiros 3 segundos de convivência, ou seja, antes mesmo de abrirmos a boca, já somos avaliados, segundo Peace.

A formação da imagem diz respeito à postura, à forma como nos comunicamos oralmente, fisicamente, pela nossa expressão verbal e não verbal. É também o conjunto de nossos conhecimentos, habilidades e competências. Tudo influência, inclusive, a modulação da voz. Cada um desses elementos determinará se vamos andar para frente ou para trás na carreira.

E a nossa imagem começa a ser construída no momento que conhecemos alguém e o cumprimentamos. Neste momento, nosso cliente, o eleitor, sabe se somos articulados, se somos tímidos, se somos fortes, se somos fracos, e, principalmente, se somos líderes ou se não somos líderes; tudo isso observado apenas pela nossa postura, pela forma como nos comunicamos.

Somos, portanto, como a caixa preta de um avião, que emite sinais o tempo todo e esses sinais nos classificam na sociedade, informa qual é nossa provável personalidade, nosso nível de educação, de formação, nossa condição social e econômica.

Dessa forma, devemos nos preocupar em sermos um conceito positivo, já que, quando não somos levados a sério, prejudicamos as oportunidades de colher votos.

A importância da imagem pessoal

Uma reportagem publicada na revista Veja de 14 de agosto de 2002, dá a dimensão exata do peso de uma imagem no jogo político e como ela pode ser transformada. Intitulada "**A imagem é tudo**", a reportagem começa dizendo que os candidatos, quando vão a um debate, se armam de estatísticas, preparam perguntas capciosas, vasculham a biografia do adversário. Tudo isso, no entanto, não é tão efetivo quanto parece, diz o texto. "Para uma parte significativa da audiência, o que conta é o grau de segurança que os presidenciáveis passam a veemência de seus gestos, a simpatia pessoal. Vamos assistir um debate de 2002 na TV Globo do Serra com o Lula.

https://www.youtube.com/watch?v=pY-tM8Jcwjg

A matéria foi publicada dois meses antes do primeiro turno das eleições de 2002, quando o quadro ainda estava bastante indefinido e alguns dos principais candidatos tinham a possibilidade de chegar ao segundo turno para disputar

[Digite texto]

com José Serra ou com Luiz Inácio Lula da Silva. Na época, a revista encomendou uma pesquisa sobre o debate dos presidenciáveis. A intenção era delinear um quadro que mostrasse como os eleitores viam cada um dos candidatos.

O então candidato Luiz Inácio Lula da Silva ficou em segundo lugar no quesito carisma. A imagem que ele passou para aquele grupo foi a do sujeito de fala mansa, que saiu do nada e que chegou lá. Ele passou a ser visto como um "chefe de família" da classe média que tenta esticar o salário no fim do mês, como a maioria dos trabalhadores brasileiros, segundo a matéria. "Veio do nada e venceu na vida". Para isso teve que ouvir sua assessoria e alterar muitos comportamentos e a própria aparência. Porque antes disso, Lula transmitia a impressão de alguém rude, com uma aparência agressiva, similar a um comunista. Era assim que ele era visto por grande parte população. Era a quarta vez que Lula tentava a Presidência da República, uma vez que o eleitorado o rejeitava.

Por que ele não conseguiu ganhar as eleições antes?

Respondendo à pergunta "Por que Lula não ganhou as eleições antes?". Foram vários os motivos. Entre eles, pelo menos um relacionado ao campo da imagem: "Não adianta apenas ser, é preciso parecer e ser reconhecido como o sendo". Disse Wilson Gomes no texto Política de Imagem. A

[Digite texto]

imagem de Lula não era reconhecida como a de um candidato competente para ocupar o cargo que ele gostaria. Portanto, teve que ser trabalhada para alcançar legitimidade.

O eleitor, de certa forma, determina que a política deva ser exercida somente por especialistas e não por qualquer um. O candidato, por ser um pretenso representante do povo, deve ter a imagem de um líder, daquele que irá trazer bem-estar social para a população.

Diante disso, podemos afirmar que a principal questão a ser solucionada pelo ator político durante a campanha eleitoral é a forma que ele irá impor sua imagem para que ela, de algum modo, pareça responder à demanda do eleitorado.

No caso do Lula, em linhas gerais, antes de 2002 sua imagem era definida, segundo Gomes: se ele tem barba de petista, se veste como petista, tem ideias de petista que se assemelham a ideias do comunismo e foi tachado de comunista, então ele é comunista. Além disso, tem cara de bravo. Logo, se for eleito, fará tudo aquilo que comunista faz. Esse foi um dos motivos que os eleitores não deram um voto de confiança a Lula.

No tratamento da imagem o presidenciável teve que ser reprogramado para ser alguém de modos mais equilibrados,

[Digite texto]

de imagem sóbria, de barba bem cuidada, de postura contida.

Portanto, ter uma boa imagem é fundamental para se projetar numa campanha. Não basta apenas possuir um bom currículo ou ter dinheiro para financiá-la e está num ótimo partido. A competência precisa estar estampada na postura e na aparência do candidato também.

Cerca de 80% do sucesso de um ator político é devido à sua atitude e somente os 20% restantes são relativos à aptidão técnica.

Quando se tem uma figura que não passa credibilidade, gera-se desconfiança para o cliente, nesse caso o eleitor, que verifica risco em ter alguém assim como seu representante.

É interessante ressaltar que a campanha em si faz com que o eleitor passe a ser o centro das atenções. Há um número grande de candidatos concorrendo com você e marketing pesado para influenciar as escolhas. Portanto, gerenciar o marketing pessoal é fundamental para criar uma reputação em relação ao seu nome.

[Digite texto]

Comunicação verbal e não verbal – A arte de persuadir

"Persuasão é uma estratégia de comunicação que consiste em utilizar recursos lógico-racionais ou simbólicos para induzir alguém a aceitar uma ideia, uma atitude, ou realizar uma ação". Wikipédia

As tentativas de modificar as opiniões dos outros surgiram como dom da palavra. Como consequência, nasce o poder persuadir as pessoas e técnicas de comunicação que são usadas no mundo inteiro com o objetivo de viabilizar mudanças, vender produtos, criar vínculos e formar uma identidade encantadora.

Tudo, todas as relações acontecem por meio da comunicação, seja ela verbal, não verbal ou escrita.

Em todos os aspectos da vida, fazer-se entender, ou seja, comunicar-se com o outro de maneira compreensível, é importante. Isso acontece nas relações entre amigos, familiares e, também, no campo profissional e político, sobretudo.

Em qualquer campo os indivíduos precisam transmitir suas ideias de maneira clara e eficiente, fazer apresentações,

[Digite texto]

demonstrar um projeto ou produto. Enfim, a capacidade de comunicação está sempre sendo posta à prova.

A maior importância da comunicação para o postulante a cargo político, de maneira geral, é colocar-se em evidência. A comunicação é o diferencial que destaca um bom político em meio à massa. Quando ele fala, se expressa, o indivíduo externa o que tem em seu interior e pode convencer ou não, dependendo do seu êxito na conversação.

A linguagem está relacionada com a expressão do pensamento, ideias e sentimentos. Comunicar é transferir uma informação de uma pessoa para outra. Uma das principais dificuldades de um candidato e da maioria dos indivíduos é se expressar em público, o que não é tão difícil como parece.

Um condicionante que nos leva a cometer muitos erros é não termos a compreensão de como agimos durante a comunicação porque desconhecemos a expressão do corpo durante a fala, como movimentamos os braços, para onde orientamos o olhar durante a locução, como fica posicionada a coluna vertebral e os movimentos da cabeça. Muitos elementos que em conjunto fazem a comunicação ser efetiva ou negativa, carismática ou desagradável.

[Digite texto]

Objetivando criar uma aura envolvente vamos aprender aqui algumas técnicas que irão aprimorar a comunicação para que você estabeleça vínculos positivos e rápidos com seu pretenso eleitorado.

Começaremos com a comunicação não verbal.

Comunicação Não-Verbal

"Um gesto pode valer mais do que mil palavras". Provavelmente você já deve ter escutado essa máxima, mas talvez não tenha se dado conta do quanto ela é verdadeira.

Para virar uma marca, é preciso também ficar atento à forma de falar não-verbal, aos sinais emitidos pelo corpo, já que o corpo expressa muito sobre quem nós somos, como pensamentos e sobre nossa condição emocional.

A linguagem corporal revela informações e sentimentos que nem mesmo percebemos e que até são contrários à nossa fala. É um código de comunicação universal que não depende da comunicação oral, ou seja, da palavra.

Quando aprendemos o significado da expressão corporal passamos a ter mais controle sobre as situações, uma vez que conseguimos manipular a comunicação a nosso favor e decifrar os sinais emitidos pelo interlocutor, a partir das expressões faciais e dos gestos. Além do que, entendemos

[Digite texto]

também como a outra parte se sente durante o diálogo, de maneira que, ao identificarmos um desconforto ou desinteresse em relação a nós, podemos interferir para mudar o rumo da conversa.

De acordo com o professor Pierre Weil (2001), especialista em relações interpessoais, a opinião que formamos a respeito de uma pessoa é influenciada em 55% por aspectos visuais, 38% pela forma como ela fala e 7% pelo conteúdo da fala.

Em consonância com tais percentuais, de modo geral, damos mais valor ao que vemos do que ao que ouvimos. Várias pesquisas na área de comunicação demonstram que o que vemos numa pessoa vale mais do que o que ela fala. Por mais competentes, preparados e talentosos que sejamos o profissionalismo deve estar visível e um indivíduo seguro de suas qualidades transmite, antes de tudo, autoconfiança que pode ser verificada na forma como ele se movimenta.

Os estudos também são unanimes quando revelam que o ser humano consegue interpretar os gestos e captar o que o falante quer dizer nas entrelinhas apenas com o gestual, afirma Weill.

No mundo da campanha a importância do não verbal se potencializa, pois o atributo mais importante do candidato é

[Digite texto]

a credibilidade característica atrelada à postura, de maneira que vale a pena investir numa imagem positiva e otimista.

Se o candidato possui uma fala e suas expressões forem diferentes as do discurso ele demonstrará insegurança e desencorajará o eleitor/ ouvinte e, por consequência, sua credibilidade será afetada. Poucas pessoas têm consciência disso. Ao melhorarmos a postura e a articulação verbal conseguimos melhorar a forma como influenciamos as pessoas.

Charles Darwin publicou em 1872 um trabalho de enorme influência sobre o tema "A expressão das emoções no homem e nos animais". Observando o choro de seus filhos pequenos, as reações de seus cachorros e reproduzindo os relatos de dezenas de colaboradores ao redor do mundo, com descrições fascinantes e curiosos desenhos e fotografias, Darwin achou evidências de que também os animais sentem e expressam raiva, medo ou ciúme.

Mas é ao falar do homem que Darwin vai mais longe. Ele defende, por exemplo, que algumas de nossas expressões são resquícios herdados de antepassados primitivos comuns tanto ao homem quanto de outros animais. Senão, como explicar que ainda hoje mostremos os dentes caninos quando enfurecidos como fazem os macacos e os cães-, apesar de raramente nos servirmos deles para brigar.

[Digite texto]

A partir de 1970, com a publicação do livro de Julius Fast, sobre a linguagem do corpo, o público começou a tomar conhecimento do assunto. Contudo, ainda hoje, a grande maioria das pessoas ignora a existência da linguagem do corpo.

Como já dito, damos mais valor ao conteúdo da fala, mas que, de fato, expressa pouco sobre nós. Acredite, a maneira como posicionamos o corpo passa impressões muito fortes a nosso respeito e tem maior impacto na comunicação que o discurso propriamente dito.

Há concordância entre os estudiosos do assunto sobre que, enquanto o canal verbal (as palavras) é utilizado para transmitir a razão, o não verbal transmite emoção durante a conversação.

Independente da cultura palavras e gestos acontecem juntos. Quando não há simetria entre a fala e os gestos têm-se a constatação da mentira. Dessa forma é fundamental para o comunicador aprender como ter uma comunicação não verbal efetiva, que consiga conquistar as pessoas e encantá-las e, principalmente, que transmita honestidade, condição essencial para um postulante a cargo público.

Nesse sentido, segundo Leny Kyrillos, fonoaudióloga especialista em comunicação, o que é importante ressaltar

[Digite texto]

para que você possa se destacar no palanque ou durante uma conversa a dois? Que ao conversar com alguém você adote uma postura ereta, porém confortável (nada de empinar o nariz), e se coloque de frente para a pessoa com quem irá se comunicar. Esse tipo de postura passa a impressão de que somos confiantes e seguros do que está sendo falado e, principalmente, que nos sentimos motivados a dialogar.

Se tivermos, por exemplo, inseguros com relação ao que será dito é comum que nos coloquemos numa postura mais humilde, com os ombros desmontados. Quando estamos assim, com uma postura negativa, passamos a impressão de que não estamos muito certos do que está sendo dito, pois o emissor não irá transmitir a segurança necessária na comunicação. Esse porte ''desanimado'' irá destruir qualquer fala do tipo "estou certo de que tenho o controle conhecimento e domínio da questão". O que irá mais chamar a atenção será a postura desanimada e não a fala propriamente dita, o conteúdo otimista de que a pessoa está no comando.

Por outro lado, devemos tomar cuidado para evitar posturas orgulhosas demais, com ar de arrogância, exageradas. Conseguimos isso deixando a coluna ereta demais e o queixo levemente para cima. Quando temos a coluna de forma rígida, podemos passar esnobismo e antipatia. São posturas que nos afastam dos outros.

Foto 1 – Google. Fortedelicadeza.wordpress.com

A comunicação não é exata, mas alguns gestos têm significado forte e compreensão negativa universal:

> Cruzar os braços durante um diálogo passa a impressão de superioridade e não envolvimento na comunicação. Claro, que devemos sempre observar o

[Digite texto]

contexto para fazer as avaliações. Se estiver frio, por exemplo, a postura é justificada.

➢ Ao conversar é importante mostrar feições condizentes com o que está sendo dito, ou seja, jamais conte uma boa notícia com a cara amarrada ou dê um "bom dia", assim também.

➢ Estalar os dedos ou ficar mexendo em objetos enquanto conversa com alguém poderá demonstrar falta de comprometimento e desinteresse na pessoa ou no que está sendo conversado.

➢ Manter o corpo ereto demonstra segurança. Entretanto, se a postura for exagerada, a segurança pode se transformar em arrogância.

➢ Pensando na posição dos pés, fazendo uma analogia com o relógio, as posições "quinze para o meio dia", "meio dia e quinze" e "dez para as duas", são inadequadas, pois desviam a atenção do ouvinte e geram deselegância.

➢ Cruzar as pernas e o braço sobre o peito, enquanto a cabeça e o queixo estão um pouco inclinados para baixo ou para trás sugere defesa.

[Digite texto]

> Não coloque as mãos nos bolsos ao conversar com alguém, o gesto pode ser interpretado como não envolvimento, como reserva.

> Jamais se sente com a pasta de trabalho ou bolsa no colo, isto denota que o indivíduo pode estar inseguro e desconfortável. Coloque os objetos na cadeira ao lado ou no chão, sem levar em conta as crendices de que você pode ficar mais pobre.

> Outra postura que demonstra ansiedade é sentar-se na ponta da cadeira, pois passa a impressão de que a pessoa está com pressa de ir embora ou pouco à vontade com a situação. Acomode-se no encosto da cadeira, fique ereto, mas confortável. Quando ficamos rígidos podemos transmitir sinais de tensão ou artificialismo.

> Com relação às mãos, evite colocá-la na boca, esfregá-las, mordê-las ou se coçar, por serem gestos que transmitem angústia ou ansiedade. Podemos gesticular, sim, como forma de dar ênfase ou marcar uma frase, o que até realça a conversação, mas sem exageros.

> Andar cabisbaixo, olhar para o chão, aperto de mão mole indicam desânimo, tristeza ou submissão.

> No aperto de mãos, pegar no pulso e no cotovelo do interlocutor é aceito somente entre amigos íntimos ou parentes.

> Tampar a boca com a mão durante a conversação ou coçar o nariz pode indicar que a pessoa está tendo um pensamento negativo ou mentindo, mesmo que isso não seja verdade.

Gestos que tem o efeito de atrair a pessoa e envolvê-la:

> Há três posições básicas da cabeça:

- A **cabeça para cima** é adotada pela pessoa que tem atitude neutra em relação ao que está escutando.

- A **cabeça se inclina para um lado** significa demonstração de interesse.

- **A cabeça inclinada para baixo** assinala que a atitude é negativa e até oposta. Inclinar a cabeça em direção ao ouvinte é importante, pois costumamos nos afastar de quem não gostamos ou nos entendiam.

> Ao conversar com alguém apoie o queixo ou o rosto com as mãos para informar atenção e sorria sempre que possível para mostrar uma posição amigável.

[Digite texto]

> Olhe nos olhos quando estiver dialogado com alguém. Para conseguir um *link* com outra pessoa, deve-se olhar para ela durante 60% a 70% do tempo, assim o interlocutor começa a sentir simpatia pelo emissor. Pessoas desonestas, inseguras ou que tentam ocultar algo tendem a não encarar as outras.

> O grande segredo no olhar nos olhos é que o seu interlocutor se sentirá reconhecido, o que viabiliza um vínculo com a pessoa que verá em você alguém próximo.

É importante salientar que um dos maiores enganos que se pode cometer na leitura corporal é interpretar um gesto isolado das circunstâncias em que ele ocorre. Coçar a cabeça pode significar muitas coisas: ter caspa, piolhos, esquecimento e até mentira. Mas o significado final dependerá de outros gestos que se façam conjuntamente.

Para chegar a conclusões corretas, devemos observar o gesto em seu conjunto, da mesma forma que ocorre com a linguagem verbal, em que a palavra pode ter vários significados. Somente quando a palavra forma parte de uma frase podemos saber seu significado correto.

Importância dos Gestos na comunicação

Sabe aquelas pessoas que não sabem o que fazer com as mãos durante um diálogo ou que geralmente ficam mais seguras ao deixá-las dentro do bolso? Ainda existem aqueles que utilizam demais as mãos enquanto falam. Afinal, existe regra para a gesticulação? Sim.

As mãos são um importante instrumento de comunicação. O uso incorreto delas, por pouca utilização ou o uso exagerado, pode causar ruído na comunicação e afetar o discurso.

O gesto é natural na conversação, ele faz parte da comunicação. É por meio dele que o canal visual é estimulado fazendo com que o ouvinte retenha melhor as informações que são transmitidas. Ademais, o uso proporcional dos gestos passa a mensagem de bom senso e segurança do emissor da mensagem. Tendemos a confiar mais em pessoas que utilizam gestos firmes e congruentes com o discurso.

Partilhando a opinião de George H. Mead (1934), a conversação por gestos está na origem de qualquer linguagem, ela é o modelo de qualquer comunicação, já que comporta dois aspectos de qualquer processo social: a reação de adaptação do outro e a antecipação do resultado do ato.

[Digite texto]

Existem vários tipos de gestos, mas para o nosso propósito de campanha vamos nos ater aos gestos que dispõem a dar ênfase ao discurso, colaborando como ilustradores da mensagem.

Esse gesto serve para marcar o que é dito e deve ser usado no meio da fala para realçar algum ponto importante, conforme afirma Leny Kyrillos.

Quando o corpo interage e gesticula para dar destaque a algum dado, o gesto é visto como natural. Portanto, fica bonito e pode ser usado com a fala, porque a ilustra. Por exemplo, quando desejamos nos referir a um tempo passado podemos apontar o dedo polegar para trás. Ao final da mensagem o falante pode informar que concluiu a fala descansando uma das mãos sobre a outra.

Contudo, a maior dificuldade das pessoas é sobre onde colocar as mãos quando a boca está fechada e nada há para ser dito.

Se estamos numa situação onde essa condição ocorra, não cabe gesticular, é interessante manter as mãos naquilo que chamamos de posição neutra, que pode ser: uma mão sobre a outra, as mãos apoiadas em algum local, ter os dedos

[Digite texto]

cruzados. Todas essas são posições neutras, de descanso da mão, que vão intermediar os gestos.

É importante que a posição neutra varie no decorrer do tempo e que não façamos sempre o mesmo gesto. É importante também não gesticular muito. Quando isso ocorre passamos a impressão de artificialismo. É como se as mãos ganhassem vida própria e se movimentassem independente do que está sendo falado, passando a impressão que a pessoa está tensa ou nervosa, que não está à vontade na situação de comunicação.

É por meio dos gestos que conseguimos estimular o canal visual do nosso interlocutor, e, ao utilizá-los corretamente, aumentamos a chance de uma comunicação que convence. Além disso, o uso equilibrado do gestual favorece a transmissão de credibilidade no que está sendo informado. Então, abuse deste recurso.

Fisiologia da Atenção

A atenção diz respeito à convergência ocular, sobre onde colocamos a pupila. Só se tem foco quando o olhar é direcionado para o objeto em específico.

Há aqueles que olham para cima, para o lado ou para baixo. O ideal é que se olhe nos olhos das pessoas envolvendo-as plenamente. Até porque o olhar pode nos dar pistas sobre a emoção das pessoas.

[Digite texto]

Os neurologistas descobriram que sempre que pensamos movimentamos os olhos, mesmo que sutilmente. São pistas de movimento ocular. São seis os movimentos que os nossos olhos podem fazer enquanto pensamos para conseguir acessar determinada informação que está arquivada em alguma parte do cérebro.

Os pesquisadores também descobriram que há uma relação direta entre a direção do movimento dos olhos e a recuperação de dados. Cada direção está correlacionada com o local onde a informação está armazenada. São exatamente esses movimentos oculares que nos passam pistas sobre como a pessoa processa as informações: se ela cria ou imagina algo, se ela lembra, ou se ela sente sensações.

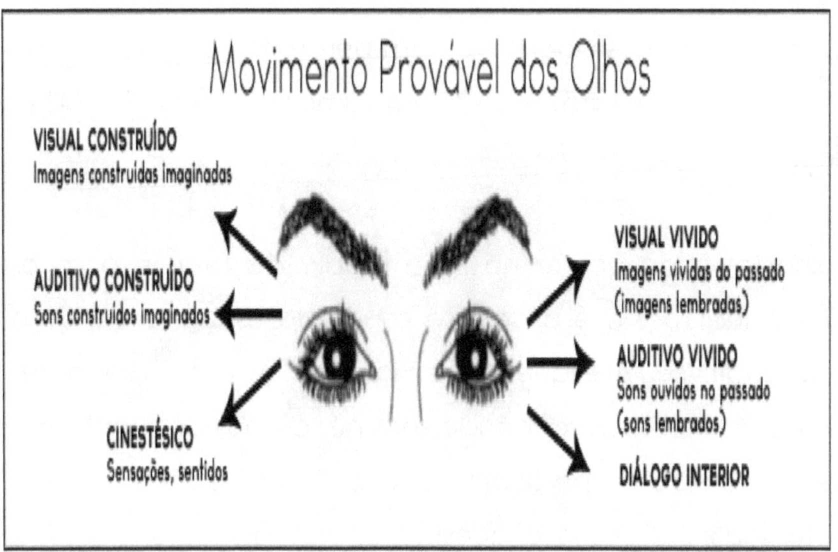

De acordo com a Programação Neolinguística (PNL) quando olhamos para a esquerda acessamos a memória, as lembranças. O movimento dos olhos para cima à direito diz respeito à criatividade, é quando criamos algo. Ao centro e para os lados acionamos o canal auditivo e para baixo temos acesso aos sentimentos.

Por que isso é relevante? É que estes movimentos nos dão indicações de como o interlocutor se sente em relação a nós ou sobre o que está sendo discutido, propiciando uma abordagem adequada que irá estimular a conversa e criar uma aproximação entre as partes.
Por exemplo, se você está vendendo sua proposta de governo. Quando o indivíduo olha para cima acessando as

[Digite texto]

imagens, podemos abordá-lo com perguntas do tipo "Como você vê esta questão? ", "Como imagina isto? ", "Olha, veja...".

O olhar quando ocorre na linha média da face e para os lados, a indicação é a de que o ouvinte está acessando o canal auditivo. À esquerda, lembrando sons ouvidos antes ouvidos. À direita, percebendo sons nunca ouvidos, tentando dar-lhes sentido. A pergunta para a situação seria: "Como isso te soa? ", "Como a questão chega a seus ouvidos? ", "Como essas palavras ecoam para você".

No olhar para baixo o acesso é aos sentimentos. Se a pessoa olha para baixo ela está falando com ela mesma: "Puxa, será que eu fiz certo...", "O que está acontecendo". Está entrando em contato com os sentimentos pessoais. A pergunta sugerida neste caso poderia ser: "Como se sente com a questão? ", "Me fale dos seus sentimentos", "Gostaria de estar mais em contato com a sua percepção dessa situação", já que neste momento o indivíduo está mais sensível, envolto nas próprias emoções e sentimentos pessoais. É um momento de introspecção.

Estar atento ao olhar do outro é fundamental, porém intérprete as pistas oculares juntamente com outros fatores para não cometer juízos equivocados.

[Digite texto]

É muito comum ver uma pessoa que acaba de aprender a técnica sair por aí a "buscar mentirosos" e a dizer coisas do tipo: "Fulano está mentindo. Eu vi quando você olhou para a direita". Não se antecipe nas avaliações. É preciso estudar muito esses processos e saber também analisar os movimentos corporais.

Por último, uma dica fantástica que pessoalmente gosto muito. Podemos sutilmente imitar o olhar do interlocutor para criar uma vibração positiva entre as partes, para passar a impressão que há identidade entre elas.

Pessoas que compartilham um mesmo ponto de vista acabam compartilhando também uma mesma postura. Estudar a postura do interlocutor durante uma conversação, por exemplo, é extremamente estratégico, já que muitas vezes poderemos detectar quem está a favor de quem, antes que cada um fale, podendo inclusive modificar o discurso a nosso favor. Observou-se que as pessoas que não se conhecem evitam cuidadosamente adotar as mesmas posições.

Comunicação Verbal
Como Conquistar as Pessoas em Segundos

[Digite texto]

Segundo Barbara Peace no livro "Como Conquistar as Pessoas", a necessidade do ser humano de se sentir importante, de ser valorizado, é mais forte que certas necessidades fisiológicas como alimentar-se, de receber amor. No trabalho, por exemplo, quando somos reconhecidos e admirados muitas vezes não interrompemos a produção para nos alimentar, pois estamos motivados por sermos reconhecidos.

Pelo mesmo motivo (ser reconhecido) nem sempre precisamos do outro para nos amar, porque temos o amor próprio ativado. Ele nos auto nutre. Daí muita gente se jogar de cabeça no trabalho e esquecer do resto.

Sentir-se importante é uma necessidade constante. É o que faz as pessoas usarem roupa de grife, comprar carros luxuosos, obter títulos para exibir e contar os feitos para todo mundo. Também é a principal causa para que jovens formem gangues de rua. Alguns chegam a se tornar assassinos em busca de notoriedade, ressalta Peace.

Estudos sobre o casamento mostram que a principal justificativa para as mulheres deixarem o casamento não é a violência, a crueldade ou a humilhação que passam, mas o fato de não se serem valorizadas pelos companheiros.

[Digite texto]

Como você pode ver o desejo de ser reconhecido e apreciado é extremamente poderoso. E quanto mais importante você fizer alguém se sentir, mais positiva será a atitude dessa pessoa em relação a você. Esta é a primeira sentença que devemos entender no sentido de persuadir alguém.

Todos os estudos sobre a psicologia humana demonstram que o principal interesse das pessoas é por elas mesmas. Elas estão muito mais atraídas por elas do que por você.

Somente o seu cachorro de estimação pode lhe dar atenção integral, achar graça em tudo o que você diz ou faz. De regra, as pessoas estão preocupadas com elas próprias e suas histórias e não querem saber dos seus interesses e problemas. Nesse sentido, seu maior objetivo ao conversar com quem quer que seja é falar sobre as necessidades, as histórias e os problemas dessa pessoa, e não sobre você e as suas precisões. Na conversação que objetiva criar vínculo e empatia, devemos falar:

✓ Das necessidades das pessoas;

✓ Das dúvidas delas;

✓ E nunca sobre você e as suas coisas, a menos que lhe perguntem a respeito.

Vamos entender melhor. Todo ato é motivado pelo interesse pessoal em primeiro lugar. Esta é uma regra elementar, ponha isso na cabeça. Se uma pessoa não perguntar sobre você e as suas coisas é porque não está interessada em ouvi-las, portanto, controle a boca.

Sei que isso decepciona. E quem acha que as pessoas agem de outra forma pode ficar desiludido. Compreender que sempre colocamos nossos interesses em primeiro lugar é ser bem-sucedido no relacionamento com os outros, é ser um bom articulador, é saber influenciar as pessoas.

A verdade é que todo ato que praticamos na vida é motivado pelo ganho pessoal. Até mesmo a caridade é feita para nos sentirmos generosos, com menos culpa em relação à miséria do mundo. Luciano Huck ao reformar a casa de pessoas carentes não está buscando tão somente corrigir uma injustiça, mas principalmente melhorar a audiência do seu programa. Somos bonzinhos e agradáveis com os outros, muitas vezes porque temos algum interesse por trás disso, mesmo que seja a salvação. Não há almoço de graça. Tudo isso é positivo e não negativo. O que estrutura esta forma de agir é o princípio da autopreservação.

Ouvir é o que encanta

[Digite texto]

Há um desejo profundo na natureza humana de ser apreciado. Para conseguir esse objetivo devemos imprimir algumas ações importantes que abrem as portas para os relacionamentos bem-sucedidos. A primeira delas é o de saber ouvir de forma eficaz. 40% das pessoas que frequentam consultórios médicos o fazem para que alguém escute seus problemas e não por causa alguma doença. Aliás, este é um dos grandes problemas dos planos de saúde.

Todos nós conhecemos pessoas boas de conversa, mas quase não conhecemos bons ouvintes. Ocorre que uma pessoa fascinante para se conversar é aquela que ouve com atenção o que o outro tem a dizer. Clientes furiosos, funcionários insatisfeitos, amigos chateados, população descrente precisam de alguém que escute seus problemas! Bons ouvintes causam melhor impressão que gente falante, até porque pessoa que fala demais demonstra ansiedade, condição que na psicologia está ligada diretamente ao medo. Assim, por mais estranho que pareça a afirmação, para ser bom de conversa tem que ser bom ouvinte.

Nos negócios, aqui entendido como campanha, isso é ainda mais relevante. Para influenciar o eleitorado é preciso ligar as antenas e ouvir com os poros o que ele tem a dizer para poder captar suas necessidades.

[Digite texto]

Apesar de acharmos que somos capazes de fazer várias coisas ao mesmo tempo, não é bem assim. Quando há muita coisa acontecendo ao mesmo tempo, não ficamos focados na conversa e perdemos detalhes importantes que podem fazer diferença.

Perder uma frase ou uma sutil entonação da voz, que pode denunciar uma intenção positiva ou negativa por parte de quem fala, pode ser o diferencial entre o sucesso e o fracasso na captação de votos. Habituar-se a escutar as pessoas com atenção é importante para mostrar ao interlocutor que ele merece seu tempo e para evitar voltar ao assunto por ter deixado escapar alguma coisa. Esta é uma estratégia para passar credibilidade também.

Além disso, a forma como escutamos impacta diretamente no sucesso, porque as pessoas que têm dificuldade para escutar costumam apresentar baixa produtividade no que faz e limitação para se relacionar.

No processo de comunicação, tudo é relevante, até mesmo a velocidade da fala. Segundo Reinaldo Polito, no artigo *Dez lições curiosas de oratória* (2009), vários estudos mostram que nosso pensamento trabalha numa velocidade quatro vezes mais rápido que as palavras transmitidas. Em razão disso, muitas vezes não nos concentramos durante a conversação. A pessoa precisa de 1 minuto para expressar o que podemos

[Digite texto]

compreender em 15 segundos, assim, sobra 45 segundos para a distração. É por este motivo que, às vezes, ficamos entediados e deixamos de escutar, achando que o outro é lento no raciocínio.

Nossa audição também é seletiva, de forma que, em geral, prestamos mais atenção nas informações que temos interesse e nos desligamos das mensagens que julgamos desnecessárias.

Outro ponto que merece destaque é o fato de que, quando ouvimos algo que contraria nossos valores, iniciamos um processo defensivo no qual passamos, internamente, a debater as ideias contrárias, criticando as informações e nos fechando a novas informações.

Dessa forma, para aprimorar a habilidade de escutar e se tornar uma pessoa interessante para o diálogo, devemos observar as seguintes orientações:

a) Evite interpretar ou criticar algo antes mesmo que o interlocutor tenha concluído a fala ou que ela seja perfeitamente entendida;

b) Faça perguntas para clarificar e esclarecer as informações. À medida que você falar, faça perguntas sobre o que foi dito para se certificar de que a mensagem foi percebida corretamente. E, caso haja dúvida quanto ao que foi dito, pergunte, peça para a parte repetir e explicar, visando evitar conclusões erradas;

c) No caso de reuniões, seminários e palestras, um bom recurso é anotar os tópicos mais importantes. Dessa forma, você poderá revê-los e formar uma compreensão adequada sobre o assunto posteriormente.

d) Não interrompa o outro enquanto ele estiver falando. A pessoa não irá ouvi-lo, pois estará ocupada com o que tem a dizer;

e) Olhe a pessoa nos olhos para transmitir confiança e honestidade. Além disso, esta é uma maneira de prestarmos atenção às expressões faciais, que dão pistas sobre como o que você fala impacta na outra pessoa;

f) Tenha em mente o mais importante: a pessoa que sabe ouvir os outros é mais bem avaliada do que a que fala.

g) Admita seus erros se estiver errado. As pessoas se lembrarão de você como sendo alguém honesto e justo.

[Digite texto]

h) Peça o voto. Parece coisa boba, mas às vezes pelo simples fato de ''apenas'' pedir que alguém faça algo para você, bingo, eles vão lá e fazem. Mas acrescente ''por favor'' e ''obrigado'' às frases. Isso vale para tudo.

i) Além disso, para criar vínculo durante o diálogo:

1. Use frases de Encorajamento durante a fala: "A-rã", "entendo", "é mesmo?", "fale-me mais a respeito", "compreendo". Esse tipo de interferência durante a comunicação estimula o interlocutor a continuar conversando. Além disso, elimine do discurso as palavras "eu" e "meu" e substitua-as por "você" e "seu" sempre que possível, para demonstrar que você é atencioso.

2. Diga o nome da pessoa várias vezes. O próprio nome é uma das palavras mais bonitas que podemos ouvir. Pronunciar o nome da pessoa desperta um grande interesse na conversa e faz com que ela preste atenção no que está sendo dito.

Valiosa dica: sempre que precisar defender um argumento importante, em qualquer estância, fale o nome do interlocutor várias vezes durante a comunicação, isso aumenta o nível de atenção e faz com que ele se sinta motivado a conversar.

3. Repita o que a pessoa diz. Vamos exemplificar para entender melhor a estratégia. Observe a posição de Ana:

Beltrano – Minha empresa tem 1000 funcionários, então é muito difícil me destacar. Não consigo uma promoção.

Ana – Você está se sentindo prejudicado?

Beltrano – Isso mesmo. Faço vários cursos para promoções, mas nunca consigo os cargos.

Ana – você acha que estão sendo injustos?

Beltrano – Exatamente. Se não acham que estou à altura deveriam me falar.

Ana – Você gostaria que fossem sinceros com você, não é?

Esse tipo de diálogo permite que as pessoas falem abertamente e estimula a conversação, pois nesta proposta você (como a Ana) não está emitindo opiniões nem criticando nada, percebe? Há interação com a pessoa, você se mostra interessado no que ela está informando, mas se posiciona de forma neutra, porém solidário. Esse recurso é fantástico na geração de simpatia e confiança.

[Digite texto]

4. Faça contato visual: manter o olhar fixo no interlocutor é sinal de que você se importa com o que ele diz. Imitar o olhar da outra pessoa cria empatia, como vimos anteriormente.

5. Imite a velocidade da voz do interlocutor: A velocidade que nós falamos está ligada diretamente à forma de processamento das informações no cérebro. Pessoas que falam mais lento tem um nível de processamento das informações diferente daquelas que falam mais rápido e uma condição psicológica também. Nada disso é certo ou errado, são apenas características. Assim, imitar a mesma velocidade da voz do emissor cria um canal propício ao diálogo.

6. Sabendo utilizar essas técnicas e se comunicar com honestidade e paixão vai ajudar você a se tornar um mestre na arte de influenciar pessoas. Mas lembre-se, use isso para o bem.

Linguagem Verbal - Qualidade Vocal

Ao nos comunicarmos emitimos sinais para as pessoas que podem ser positivos ou negativos. Dessa forma, é interessante que a gente os entenda para que eles colaborem de maneira positiva na formação da nossa marca pessoal e na capacidade de converter conversa em voto.

[Digite texto]

Os sinais são emitidos para as pessoas a partir da maneira como falamos, da voz. Na verdade, nossa voz nos revela e passa uma ideia forte de como somos e nos sentimos durante a conversação. Enquanto as palavras são responsáveis por transmitir a razão, a voz tem a função de determinar a emoção na fala.

Ela é parte importante da personalidade de um indivíduo e é responsável por 38% do impacto na comunicação. Diz respeito ao tom, ao ritmo, à velocidade e ao volume. A forma como cada um desses elementos é formatada irá produzir um tipo de impacto e efeito no ouvinte. Como cabe a voz passar emoção na fala, dependendo do tom que damos à mensagem, a voz pode modificar a informação tornando-a positiva ou negativa, e poucas vezes nos damos conta disso.

Você deve ter muito cuidado com a maneira como emite a voz, porque a emissão das palavras é absolutamente subjetiva e dependendo de como falamos podemos nos mostrar maduros e seguros ou infantis e imaturos, como pontua Kyrillos.

A voz é uma das projeções mais impactantes da nossa personalidade. E, dessa maneira, a gente incorpora características vocais na comunicação sem nos darmos

[Digite texto]

conta de como isto está acontecendo, de forma intuitiva e subjetiva. Só que as impressões também chegam para as pessoas dessa forma.   Então, alguns cuidados são importantes para termos uma qualidade vocal adequada e que demonstra competência ao falarmos.

O tipo de qualidade vocal mais adequada é a neutra, que passa para o ouvinte conforto ao escutá-la, tranquilidade, controle da situação. Quando falamos assim demonstramos segurança e maturidade. Porém, podemos desenvolver uma voz com característica rouca, fanha ou gaga transmitindo para quem nos ouve a sensação de que estamos fazendo força para falar, dando ideia de desconforto.

Quando utilizamos a voz com tais problemas de dicção geramos incomodo em quem está ouvindo, que tende a ficar com pouca boa vontade para conversar conosco. Essa pessoa fará uma ideia a nosso respeito de alguém cansativo, que está no limite das forças (no caso da rouquidão e gagueira). Nessa linha de raciocínio é fundamental utilizar a voz de maneira eficiente e sem a presença de esforço. Caso a pessoa possua algum problema nesse sentido (rouquidão, gagueira) é recomendado buscar ajuda profissional, pois essa é uma característica de impacto negativo forte que interfere nocivamente na formação da imagem.

[Digite texto]

Outra condição vocal diz respeito ao tom de voz. Podemos ter um tom mais grave ou uma voz um pouco mais aguda, contudo, quando temos extremos: voz aguda demais ou grave em demasia, o que acaba acontecendo?

Uma voz de conteúdo grave, no tom certo, do tipo de apresentador de telejornal, passa a ideia de firmeza de mais seriedade na comunicação, transmite a imagem de alguém profissional, que sabe exatamente o que está dizendo e fazendo. Contudo, um tom grave demais pode sugerir austeridade, rigidez, afastando as pessoas.

Já quando entramos num ajuste mais agudo de emissão, passamos a impressão de alguém mais infantil, mais imaturo, mais inseguro, e isso certamente vai gerar uma impressão negativa e pouco profissional sobre o emissor da comunicação. Esse timbre remete à voz do adolescente, que é aguda. Assim, por comparação, associamos a voz muito aguda com imaturidade. Simples, né?

É claro que temos um tom mais natural e mais confortável para nós. É interessante que você compreenda qual o tipo de voz tem, uma vez que é possível melhorar a locução e ser assertivo na forma de falar, se sua voz tiver modulações negativas. Na dúvida, procure um fonoaudiólogo.

[Digite texto]

Outra coisa que devemos nos atentar é sobre a utilização da voz numa reunião. Nas convenções, assembleias, conferências e afins necessitamos falar com clareza, de forma agradável, porque é um diferencial competitivo.

Uma condição importante numa apresentação diz respeito à intensidade da voz e do volume que utilizamos. Se você for o orador é fundamental que use a voz numa intensidade média, que atinja as pessoas (seja audível) e a utilize com conforto. Quando falamos muito baixo passamos a impressão que não estamos seguros do que está sendo dito ou que o que está sendo comunicando não é importante. Entretanto, se falamos muito alto passamos a ideia de invasão do espaço pessoal alheio e, a tendência é a de que o ouvinte se afaste e rejeite tanto a informação, quanto a pessoa. Logo, a busca de equilíbrio na locução é fundamental para transmitir a sensação de alguém seguro e que tem propriedade quanto ao que está sendo informado.

Quanto ao ritmo ou velocidade da voz, caso esteja conduzindo um evento, fazendo um discurso ou apenas conversando com alguém, deve imprimir um compasso normal, nem lento, nem rápido demais.

[Digite texto]

Dica importante! Podemos também, como forma de criar vínculo com o interlocutor, copiar o ritmo da voz dele. Isso funciona como forma de gerar empatia. Funciona.

Além disso, cuidado com os vícios de linguagem que chamam a atenção dos ouvintes, a ponto de ficarem contando quantas vezes algumas palavras são pronunciadas: "Né", "tá", "aí", "entendeu?", "tipo assim", entre outros.

Por último, ressalto que a forma como falamos pode nos classificar negativamente, se nela contiver muitos erros. Por isso, é necessário exprimir corretamente as palavras. Preste atenção nas seguintes orientações:

- Evite gírias e jargões, que, além de causarem má impressão, demonstram baixo nível de educação ou mau uso de vocabulário.

- Não viva se desculpando, já que, caso não seja realmente necessário, isso pode demonstrar insegurança.

- Ao responder obrigado(a), passe a informação completa. Diga: "sim, obrigado(a)" ou "não, obrigado(a)", pois esta é uma forma mais elegante de agradecer.

- Cuidado com o "i" no meio das palavras – ele deve ser pronunciado. Assim, fale "terceiro", e não "tercero", "janeiro", e não "janero".

- Pronuncie o "u" intermediário. Fale "pouca", e não "poca", "outro", e não "otro".

- Não omita sílabas, pronuncie "professora", e não "psora", "está", e não "tá".

- Não troque "L" por "R". Diga "Cláudia", e não "Cráudia".

Decifrando o eleitor pelo gênero

Homens e mulheres têm necessidades distintas durante a conversação. Homens são mais objetivos e racionais e as mulheres mais emocionais. Aceitar as diferenças no estilo e respeitar a personalidade de cada um é apostar em uma comunicação realmente eficaz.

Segundo Chabreuil, alguns detalhes podem ser a diferença no sentido de fazer com que a comunicação flua e seja persuasiva. Vamos aprender como obter uma abordagem eficiente entre homens e mulheres:

Aos homens - Apresente uma coisa de cada vez. Separe as ideias e raciocínios.

[Digite texto]

Garotas, deixe que eles tenham a chance de falar. O cérebro masculino ativa ou a fala ou a audição. Os homens têm mais dificuldades em fazer as duas coisas ao mesmo tempo, por isso revezam na hora de arguir. O segredo aqui é deixá-los falar até concluir o raciocínio, sem interromper.

Também não demonstre emoções ao ouvir. Eles costumam achar que quem faz caras e bocas tem problemas mentais. Basta manter o semblante sério e atento e emitir frases de encorajamento do tipo: "a,hã", "certo", "entendo" ou coisa do tipo.

E, principalmente, forneça fatos, dados, informações concretas e soluções. O cérebro masculino não gosta de palpites e nem de que se presuma nada, o tal do "acho que". Diga de forma direta e objetiva o que pretende. Vá logo ao ponto.

As mulheres - A cultura feminina – alguns dizem que é o cérebro - possibilita que as mulheres falem e ouçam ao mesmo tempo. Garotos, se você for esperar a sua vez de falar, acabarão se cansando. Se não participar ativamente da conversa, isso poderá ser interpretado como desinteresse ou até crítica.

No caso delas podemos usar expressões faciais sem problema. Aliás, como estratégia para aproximação, imite

[Digite texto]

disfarçadamente suas expressões faciais e seus gestos para criar afinidade.

Forneça detalhes pessoais e apele para o lado emocional. Segundo Barbara Peace, as mulheres são organizadas para ler emoções, isso tem a ver com a necessidade básica de manutenção e proteção da cria. Ela ativa entre 14 a 16 áreas do cérebro contra 6 dos homens, para decodificar alguma coisa. O cérebro feminino é treinado para interpretar emoções. Dessa forma, revelar a elas informações pessoais e contar detalhes sobre sua família mexe com seus sentimentos em relação à forma como ela irá formular as informações apresentadas.

E lembre-se, fale de forma indireta. As mulheres usam frases mais longas que contêm além de dados, sentimentos e emoções. Evite ir direto ao ponto, apressar a solução. Seja mais relaxado, amigável e gentil ao ouvi-las.

Falar em público

O medo de falar em público, chamado tecnicamente de glossofobia, é um dos maiores pavores humanos, é mais forte que o medo de altura e até da morte, atingindo em torno de 75% das pessoas, segundo especialistas no assunto. Ele se apresenta com a sensação de mal-estar, suor excessivo, gagueira, tremor nas pernas, confusão mental e até

[Digite texto]

verdadeiro pânico.

Um dos motivos pode ser timidez, que, por sua vez, diz respeito a alguma insegurança interior. Mas também há pessoas dotadas de aparente desenvoltura que, contraditoriamente, têm pânico de qualquer plateia, informa Kyrillos.

Na verdade, não existe uma razão única para o medo de falar em público, mas, sim, um conjunto de fatores que contribuem para o problema, como, por exemplo: a falta de experiência no uso da palavra, a falta de conhecimento sobre o assunto, o baixo repertório de palavras e a baixa autoestima.

Saber falar em público significa, para muitos, uma barreira de início quase intransponível. Os primeiros minutos são de verdadeiro terror, vem aquele famoso "frio na barriga", as pernas ficam bambas, e tudo isso piora ao ver toda a plateia o encarando.

Para controlar o medo e melhorar a condição de falar em público, basta treinamento, controle da respiração, coragem e disciplina. Hoje em dia, há bons cursos ou mesmo livros especializados no assunto. Ninguém mais precisa ficar sofrendo, basta se preparar. Também experimente gravar o discurso para ouvi-lo depois. Isso ajuda a identificar como realmente soa a sua voz, já que ao falarmos o som chega aos nossos ouvidos alterado pela ressonância da caixa craniana.

Outra possibilidade é fazer uma visita prévia ao local para se familiarizar com o espaço e identificar possíveis obstáculos que possam atrapalhar o discurso, como fios soltos e degraus.

Falar na frente do espelho é uma boa ideia para memorizar o discurso.

Anotar as palavras-chaves do discurso funciona. Faça anotações em pequenos cartões ou mesmo no PowerPoint. Nunca use uma folha inteira de papel, pois o tremor das mãos será percebido pelo balançar da folha.

Com a prática e algumas dicas que passaremos a seguir sobre preparação de *slides*, a comunicação fluirá mais facilmente. A experiência é ótima e, não raro, as pessoas começam a sentir prazer ao falar em público.

Dicas para fazer uma apresentação de sucesso

Imagine você assistindo alguém expor um assunto apenas com aquelas apresentações em PowerPoint, sem criatividade, que mais parecem páginas de livros, em que o palestrante fica lendo o que está escrito? Um tédio. Dá vontade de sair correndo, até porque ficamos com sono e a

[Digite texto]

gente fica pensando que está perdendo tempo, que seria melhor pegar uma apostila e ler sobre assunto sozinho.

Preparar-se para a apresentação é fundamental. Quem não se prepara pode esperar o fracasso.

Para evitar o insucesso nas palestras seguem algumas dicas com o objetivo de potencializar a comunicação em apresentações profissionais e torná-las impossíveis de serem ignoradas. Garimpei as informações na internet. Testei todas e foram efetivas.

1. Conheça o seu público. Saiba quem irá assisti-lo para entender a melhor forma de falar com eles. Neste caso, adapte a linguagem e até o visual. Gente simples, linguagem simples, roupa também. Público sofisticado, linguagem elaborada, citação de fonte, roupa formal.

2. Troque "o que" por "porque". isso estimula a conexão do público com você. Não é regra geral, mas as pessoas tendem a querer saber a razão pela qual estamos falando de determinado assunto. Comece com algo com que o seu público possa se relacionar, como falar sobre sua vida ou uma experiência pessoal que tenha relação com o tema.

3. Não conte piada ou tente ser engraçado se não é o seu jeito. Alguns especialistas sugerem abrir o evento deste modo, mas só funciona quando a condição é nata à pessoa.

4. Use os dados expostos em gráficos ou tabelas, pois assim é passada uma ideia concreta das coisas. As estatísticas são importantes para fazer o convencimento sobre algo.

5. Lembre-se de informar a fonte dos dados, da tabela ou do gráfico quando elas não forem produzidas por você.

6. Evite jargões técnicos ou termos em idioma estrangeiro. Se tiver de dizê-los explique em seguida o significado.

7. Sempre que possível, conte histórias porque elas passam emoção e nos fazem viajar. Os ouvintes tendem a lembrar de palestras quando há histórias contadas.

8. Produza *slides* com imagens e pouco texto, que servem apenas para orientar sobre o que será exibido. As imagens tornam a apresentação memorável. O princípio do design afirma que as imagens são lembradas melhor do que as palavras. A visão é o

sentido dominante na maior parte da população, e o cérebro processa a informação visual até 400.000 vezes mais do que somente texto. Além disso, o seu público deve ser capaz de interpretar os *slides* nos primeiros três segundos e manter o foco no que você está dizendo ao mesmo tempo.

9. Por último, segure o microfone com a mão esquerda (se você for destro) para evitar balançá-lo ao fazer um gesto.

PERSUASÃO E ETIQUETA PROFISSIOAL

Uma das ferramentas que usamos para encantar, transmitir confiança e criar vínculo rápido com as pessoas é a Etiqueta Profissional. Muita gente acha que agir com etiqueta significa ser afetado ou excessivamente sofisticado. Mas não é isso. A Etiqueta Profissional nada mais é do que um conjunto de regras pautadas no bom senso, na educação e na elegância, que tem por objetivo harmonizar as relações entre indivíduos. São convenções sociais. São regras criadas e determinadas pela própria sociedade, por este motivo, quando não agimos de acordo com tais orientações, somos tachados de inadequados e reprovados por isso.

O princípio por trás da Etiqueta é a consideração pelos sentimentos e pelos interesses dos outros. Trocando em miúdos, você deve mostrar pela forma como diz e faz as coisas, que se preocupa com a pessoa com quem está tratando.

Não significa que não devemos ser firmes em certos momentos ou quando a situação assim o exigir, mas o modo como se conduzem as questões é que deixa explícitos os princípios estabelecidos, de maneira que quando há uma questão difícil de ser resolvida, devemos não apenas ser determinados e justos, mas também solidários com a situação da pessoa, para garantir como resultado o que se deseja para as partes, mas, sobretudo angariar simpatia.

É certo que há circunstâncias em que é difícil controlar o impulso ou a raiva, no entanto, agindo com cordialidade, não ganhamos apenas respeito dos demais, mas também melhoramos nossa confiança e autoestima.

A Etiqueta Profissional fornece, portanto, as condições para que o indivíduo seja um produto de valor para o mercado, o que não acontece de um dia para o outro, pois isso envolve, além dos conhecimentos adquiridos pela formação acadêmica e experiência, atitudes, posturas, habilidade nos relacionamentos interpessoais e na comunicação. Pode parecer simples, mas não é, pois há muitas pessoas que sabem muito, porém não sabem vender nada de si mesmas, ao passo que outras, com conhecimento mediano, possuem

[Digite texto]

melhor articulação social e conseguem destaque no grupo pelo simples fato de serem polidas.

Embora o assunto seja bastante abordado e exigido, muita gente não se dá conta da importância de conhecer os protocolos da conduta profissional como estratégia nos negócios, no nosso caso, nas abordagens eleitorais.

No relacionamento com seu eleitor é primordial estar atento ao comportamento para transmitir credibilidade, sobretudo. Grandes candidatos podem perder oportunidades únicas por causa de maus modos ou desrespeito ao limite alheio.

Os conceitos e as regras de conduta profissional servem para harmonizar o convívio em sociedade e no ambiente de trabalho, mas não é somente isso. Quem domina esses princípios tende a ser mais seguro, pois consegue transitar com tranquilidade em qualquer ambiente, sabe lidar com as mais variadas situações e promove a própria imagem deixando rastros positivos por onde passa.

A Etiqueta não é um conjunto de normas rígidas e sem sentido. Ela facilita a vida, porque é sempre baseada na educação, na coerência e no respeito pelo outro. Observe como se portam os grandes líderes. Normalmente, esse grupo utiliza de gentileza ao tratar o outro e, por isso mesmo, chama a atenção. Por serem atraentes e seguros, gostamos

[Digite texto]

de nos relacionar com eles, o que tem a ver com carisma, poder e sedução.

A Etiqueta surgiu, como conhecemos hoje, no final da Idade Média e no começo da Idade Moderna, com a finalidade de educar e distinguir as pessoas. Naquele tempo, existiam basicamente duas classes sociais: os ricos e os pobres. As regras foram empregadas no processo civilizador como forma de classificar as pessoas que sabiam se comportar daquelas "rudes e sem modos", os pobres.

Foi no mesmo período que apareceu uma terceira classe, a burguesia, que, num movimento de inclusão social e de disputa por poder, usava a Etiqueta como estratégia para disfarçar a origem humilde. Os burgueses começaram, então, a aprender os modos e a copiar os trajes da elite dominante, num movimento de camuflagem, para se misturar com a nobreza. Eles não queriam ter a aparência dos pobres, e, sim, a identidade das classes abastadas.

Há livros de Etiqueta que datam do século XVI, entre aproximadamente 1560-1580, e que foram escritos por padres portugueses que assinavam com pseudônimo feminino, pois, na época, acreditava-se que somente mulheres podiam passar esses conhecimentos tanto para seus filhos homens como para as filhas mulheres. São livros que circularam por

[Digite texto]

toda a Europa. Contudo, o grande precursor desse conhecimento, o pai da Etiqueta, foi Luiz XIV.

Houve também um grande filósofo chamado Erasmo de Roderdão, que, em 1530, publicou *De civilatate morum puerilium* (Da civilidade dos costumes das crianças), em que orientava a formação das crianças quanto à gesticulação, ao modo de se vestir, às expressões faciais, com ênfase na Etiqueta à mesa, para delimitar a postura desse grupo.

Desde sempre, o uso das normas de Etiqueta serviu como estratégia pessoal e instrumento modulador do *status quo*, distinguindo o civilizado do bruto, o rico do pobre, o educado do mal-educado, o profissional do não profissional.

No século XX, o aprendizado da Etiqueta Profissional ganhou impulso especialmente a partir da década de 1980, com o objetivo de proporcionar às pessoas uma convivência agradável no ambiente de trabalho e, também, como estratégia de promoção pessoal e empresarial.

A Etiqueta Profissional é, portanto, uma tática individual de encantamento a fim de criar uma percepção positiva nas pessoas a nosso respeito.

Então pense comigo, para quem se aventura a ser candidato político é primordial apresentar uma imagem positiva e não

[Digite texto]

gerar antipatia, o que, consequentemente, causaria a exclusão de círculos, de pessoas importantes e de votos.

O que diferencia dois candidatos parecidos é justamente a forma com que eles se relacionam com o eleitor, sua diplomacia para lidar com as pessoas e para articular em qualquer ambiente. Aliado ao conteúdo é isso que incrivelmente sugere inconscientemente a população que o candidato é sério. Etiqueta é, portanto, uma ferramenta de trabalho.

Daqui para frente vamos então conhecer mais a fundo os protocolos e instruções da etiqueta corporativa.

A primeira impressão é a que fica

Três segundos. O tempo que você leva para dizer um bom-dia a alguém e é exatamente o tempo de que ela precisa para formar a primeira impressão sobre você. Os dados são de uma pesquisa da Universidade de Harvard e, que podem ser traduzidos assim: diga adeus as suas intenções de cativar, se você não agradar logo de cara.

Já deve ter acontecido de você estar em algum lugar com um amigo muito parecido contigo – daqueles que têm um padrão físico e modos similares aos seus – e vocês conhecerem alguém por acaso, iniciando uma conversa.

[Digite texto]

O papo começa a três, mas, de repente, você percebe que seu amigo engatou uma conversa animada com essa pessoa e que eles te deixaram de lado, não lhe dando atenção. Às vezes, causamos má impressão e nem sabemos.

Em março de 2009, a Revista *Nature Neurocience* (apud DIÁRIO DA SAÚDE, 2009) publicou uma matéria em que um grupo de cientistas norte-americanos identificou circuitos neurais responsáveis na formação da primeira impressão. A pesquisa mostrou como as informações sociais são organizadas e avaliadas ao julgarmos um estranho, no momento em que conhecemos alguém. Para saber mais sobre o estudo, acesse:

<http://www.diariodasaude.com.br/news.php?article=primeira-impressao-e-a-que-fica-neurocientistas-descobrem-onde&id=3885>.

Noutra pesquisa conjunta, realizada por pesquisadores das Universidades de Nova York, Tufts e Harvard, investigou os mecanismos cerebrais que dão suporte às impressões formadas imediatamente após conhecer alguém. Os autores montaram um experimento no qual examinaram a atividade do cérebro nesses momentos.

Segundo Elizabeth Phelps, professora da Universidade de Nova York e uma das autoras do estudo,

[Digite texto]

As imagens resultantes mostraram atividade significativa em duas regiões do cérebro. A primeira foi a amígdala, a pequena estrutura arredondada na superfície anterior do cerebelo que estudos anteriores ligaram ao aprendizado de objetos inanimados e a avaliações sociais baseadas em grupos familiares ou de confiança. A segunda região identificada foi o córtex cingular (sic) posterior, que atua em decisões relacionadas a dinheiro ou a recompensa.

Segundo a autora, "mesmo quando encontramos muito brevemente alguém que não conhecemos, essas regiões apresentam grande atividade, resultando em uma primeira impressão instantânea".

Nas interações sociais, quando uma pessoa é apresentada a outra, ela é avaliada rapidamente, num processo inconsciente. Leva-se de 3 a 30 segundos para formar uma impressão sobre o indivíduo.

Mas o que é impressão? Segundo Barbara e Allan Pease, é a condição de deixarmos emoções registradas sobre nós ou sobre alguma coisa na mente das pessoas.

[Digite texto]

O avaliador é influenciado por aquilo que ele vê e percebe na linguagem não verbal do emissor, na sua vestimenta, na postura corporal, na modulação da voz e a partir de seus valores pessoais.

Quando a pessoa se mostra simpática e afável no primeiro contato, ela será avaliada positivamente e ganhará um conjunto de qualidades por causa disso. Já alguém que se mostre fechado ou tímido de início, poderá ser julgado negativamente, podendo receber adjetivos do tipo: desagradável, inseguro e outros que exprimem negação. Os adjetivos variam de acordo com o observador.

Ao contrário disso, se, no primeiro contato, somos amáveis, num segundo encontro podemos até ser rudes que isso não será muito considerado. Contudo, se nos mostrarmos mal-educados no primeiro encontro, e num segundo momento nos portarmos de forma gentil, este último comportamento não será considerado. Serão necessárias muitas e muitas ações positivas para tentar neutralizar o estigma negativo. O que ficará registrado de fato é aquilo que construímos sobre a pessoa na primeira vez que a vemos.

Enquanto a primeira impressão leva menos de um minuto para ser formada, uma má impressão pode nunca ser alterada, por falta de oportunidade.

[Digite texto]

E por que devemos caprichar na primeira impressão? Porque a venda, aqui entendida como qualquer abordagem que tenha como objetivo influenciar alguém com uma ideia, é decidida exatamente neste momento. Se não tivermos uma postura profissional e agradável em até três minutos do relacionamento inicial, podemos vender nota de R$ 100,00 por R$ 50,00 que ninguém compra. Ninguém vai acreditar nas suas palavras. Acredite, você não conseguirá influenciar o interlocutor com suas palavras.

O grande segredo para criar um vínculo imediato e causar ótima impressão nas pessoas é cumprimentá-las de forma correta.

Apresentações e Cumprimentos

Este é um momento importante num relacionamento. É quando formamos um pré-conceito sobre alguém a partir da forma como somos recebidos. Nossa imagem é formada nos primeiros segundos da relação inicial e influencia muito em como o outro irá nos classificar. É exatamente neste momento que as pessoas definem se confiam em nós e se desejarão ou não nos conhecer melhor. Daí a necessidade de valorizar o primeiro contato. Uma má impressão inicial dificulta muito qualquer relação futura. Causando-se um impacto favorável no primeiro momento, o relacionamento será facilitado, pois, não tenha dúvida, a primeira impressão é a que fica ou é a última a ir embora.

Como informado anteriormente, as pessoas levam apenas 3 segundos para formar uma opinião sobre alguém e podem nunca modificar uma má impressão. Temos pouco tempo para construir uma boa imagem. Sua postura, nos primeiros segundos da relação inicial, determinará 100% o que as pessoas irão registrar em suas mentes sobre quem é você. O segredo para causar um bom impacto no interlocutor é caprichar nos cumprimentos e nas apresentações iniciais.

Durante a campanha é suficiente cumprimentar alguém com um aperto de mãos, tanto os homens quanto as mulheres, porque, além de ser uma determinação protocolar, muitas pessoas não gostam de intimidade com pessoas desconhecidos. Beijos e abraços devem ser distribuídos se você sentir que há espaço para isso ou a pessoas que já conhece, caso contrário à ação pode ser invasiva e causar desconforto em quem recebe.

O aperto de mãos pode transmitir várias informações como simpatia, submissão, dominação, controle e desdém. Ele é um momento onde quem recebe o cumprimento saberá se é bem-vindo, se a pessoa está feliz por encontra-lo ou se há forçação de barra.

[Digite texto]

É comum os políticos cumprimentarem os eleitores apertando as mãos, mas, sem contudo, olhar nos olhos da pessoa, o que é muito desagradável, você nem imagina os efeitos negativos que isso pode ter. Entenda. O olhar é fundamental neste processo porque os olhos acolhem o indivíduo, que se sente único e prestigiado. A falta de contato visual demonstra ao interlocutor que ele não é importante. Ele se sentirá desvalorizado. E quanto mais baixa for a classe social do sujeito, maior será essa percepção.

Outra coisa, é cumprimentar alguém com as duas mãos. Isso ocorre entre pessoas que já se conhecem e possuem alguma afinidade. Mas quando o aperto de mãos duplo ocorre em alguém que acabamos de conhecer podemos passar dubiedade, pode produzir efeito refratário, levando o recebedor a desconfiar das intenções do emissor. Resumindo, se você não tem algum vínculo pessoal com o receptor do cumprimento, é melhor ser mais formal.

A regra básica dos cumprimentos também determina que haja uma hierárquica que deve ser considerada no momento da apresentação. Dentre outras funções ela nos orienta sobre como devemos agir durante os contatos iniciais para não cometer nenhuma gafe.

Tabela de Precedência

[Digite texto]

Pessoa Menos Graduada	Pessoa Mais Graduada
Jovem	Pessoa mais velha
Civil	Militar
Homem	Mulher
Qualquer pessoa na empresa	O cliente
Solteiro	Casado

O procedimento se chama regra de precedência e constitui a base do protocolo. É o conceito ou ordem hierárquica de disposição de autoridades, de instituições, de bandeiras, de honras ou de grupos sociais. Segundo Rubem Cobra, em *Precedência e Importância Social* (2001), o filósofo Blaise Pascal dizia que o reconhecimento da precedência era necessário para a paz e que, embora os homens fossem iguais, merecia a precedência àquele que tinha quatro criados em relação ao que tivesse apenas um serviçal.

Por que é importante entender a regra de precedência? Porque não estendemos a mão para cumprimentar alguém de maior hierarquia, nem beijamos, pedimos o cartão de

[Digite texto]

visitas ou o número do celular (que é pessoal) a esta pessoa. Seria uma grosseria.

Além disso, é o nome da pessoa mais graduada que é dito primeiro numa apresentação. Por exemplo: "Coronel Carlos Nobre, este é o Jorge", ou "Coronel, apresento-lhe o Jorge", ou, ainda, simplesmente o nome das pessoas: "Coronel Carlos, senhor Jorge".

No caso de pessoas de alto escalão, menciona-se primeiro o cargo ou o título dela seguido do nome; nos demais casos chamamos as pessoas pelo nome mesmo.

Outra orientação informa que devemos ficar de pé, olhar o interlocutor nos olhos, manter contato visual, sorrir com amabilidade, apertar as mãos e dizer "como vai", olá!". A expressão "muito prazer" só é usado somente quando a pessoa apresentada for alguém importante, com notoriedade ou, ainda, ao final da conversação, se a pessoa te encantou pela energia boa que deixou nesse primeiro encontro.

Coisas importantes que você deve se atentar para não cometer nenhuma gafe:

> Alguns nomes são difíceis de pronunciar, nesse caso, não há problema em solicitar que se soletre a palavra.

[Digite texto]

➢ Evite abraços e tapinhas nas costas, a não ser que haja laços afetivos ou amizade entre as partes.

➢ Em reuniões de trabalho, em que todos estejam sentados, só se levanta para cumprimentar alguém da alta hierarquia ou uma autoridade.

➢ Na sua sala, levante-se para receber qualquer pessoa.

➢ Não se estende a mão para cumprimentar alguém à mesa de refeições. Faça apenas um aceno. O motivo é apenas higiênico – é que a pessoa já lavou a mão para se alimentar.

➢ Durante as apresentações cabe a quem apresenta passar alguma informação relevante sobre as partes para que se possibilite uma conversa descontraída. Algo do tipo: "fulano tem como *hobby* colecionar revistas de carros antigos" "ele trabalha no seu segmento", etc.

➢ Nas auto apresentações, evite informar os títulos doutor, professor, juiz. Pode parecer pedante.

➢ Evite também usar o prefixo ex: ex-marido, ex-deputado, ex-namorado, ex-candidato, ex-qualquer coisa.

[Digite texto]

> ➤ Tenha sempre um sorriso no rosto nestas situações de cumprimentos iniciais. Sorrir pode operar milagres e informa ao outro que ele é bem-vindo.

> ➤ Não fale alto nem faça gestos muito amplos, nada que chame a atenção. Quem gesticula muito é quase sempre considerado despreparado e mal educado.

> ➤ Nada de ficar próximo demais de ninguém; mantenha uma distância do seu interlocutor entre 60 cm a 90 cm. Se o indivíduo for estrangeiro, aumente-a para 1,20 m.

Cartões de Visita

Apesar da era digital, o cartão de visita ainda é, sem dúvida alguma, um elemento importantíssimo que influencia a formação da imagem de qualquer um que está no mercado de trabalho, pois ele transmite a impressão de que o portador é alguém importante, organizado e profissional.

Historicamente, o cartão teve origem na França, no século XVII, no reinado de Luiz XIV, o Rei Sol, e era usado para informar previamente uma visita. Dessa maneira, o visitante sabia antecipadamente se seria ou não recebido, não passando pelo vexame de não o ser.

No século XVII, na Inglaterra, ele foi chamado de *trade card* ou cartão de comércio com a função de mostrar

[Digite texto]

graficamente e com desenhos o produto ou serviço oferecido. No verso do cartão, constava a indicação de como chegar ao local. Naquele período, as pessoas não sabiam ler, e o registro do endereço, como fazemos hoje, não era viável.

Com o início do comércio no continente americano é que o cartão foi batizado de *business card* ou cartão de negócios.

Os cartões devem ser usados tanto no convívio social quanto no profissional. Em ambas as circunstâncias, eles têm as seguintes finalidades:

- ➢ Apresentar pessoas.
- ➢ Acompanhar o envio de flores e presentes ou agradecê-los.
- ➢ Aceitar ou recusar convites escritos.
- ➢ Enviar condolências, felicitações e cumprimentos.
- ➢ Agradecer apoios recebidos.
- ➢ Acompanhar importâncias em dinheiro.
- ➢ Lembrar um convite feito oralmente.
- ➢ Comunicar mudança de endereço.

Preferencialmente, o cartão de visita deve ser simples e conter os dados principais do profissional. É recomendável que ele seja confeccionado em papel de boa qualidade branco ou marfim. Para as cores das letras, o mais usual é usar o preto ou as matizes de cinza. E, por mais descolada que seja a profissão do portador, evite misturar tipos de fontes, cores ou tamanhos. O melhor é optar pelo padrão clássico.

Ademais, símbolos que determinem uma categoria devem ser evitados: a balança da justiça, a cobra da medicina, etc. Contudo, se você pertence a um grupo criativo do tipo *designers* publicitário, pessoal do marketing, artistas, tem licença para ousar um pouco.

O cartão deve ser entregue na mão da pessoa, segurado pela parte superior, com o nome posicionado de maneira que possibilite a leitura imediata e deve ser distribuído:

> ➢ Numa reunião com até três membros, logo no início;
> ➢ Num evento maior, ao final, apenas para aqueles que se desejar manter contato posteriormente;
> ➢ Num almoço de negócios, quando não houver oportunidade de trocá-lo antes de estar à mesa, entregue ao final da conversa, depois que todos terminarem de comer;
> ➢ Em reuniões com jornalistas, no início.

Observação:

Em reuniões com maior número de pessoas, uma dica para facilitar a identificação delas é colocar os cartões na sua mesa na direção em que cada um está sentado.

[Digite texto]

Nos Estados Unidos, é normal colocarem foto no *business card*, porém, no Brasil, isso não é usual, ainda.

Devemos ter também outro tipo cartão para acompanhar presentes, só com seu nome, sem informações sobre o cargo. Neste caso, é praxe riscar o sobrenome com caneta para quebrar a formalidade.

Ler o cartão ao recebê-lo é muito educado e serve para gravar o nome da pessoa.

É recomendável não imprimir o número do celular no cartão, a não ser que sua profissão o exija ou você deseje. Deixe para registrá-lo a mão como estratégia de encantamento. Por ser pessoal, informar o número nessas circunstâncias transmite a impressão de que você está prestigiando aquela pessoa ao fornecer seu número.

Dobrar a pontinha do cartão é deselegante. Não é muito habitual, mas, se a pessoa quiser tornar o cartão mais informal, pode fazer um traço em diagonal sobre o sobrenome.

Mantenha os seus cartões em um porta-cartão. Cartões amassados e sujos demonstram descuido e passam uma péssima impressão. É o mesmo que você dizer: sou relaxado.

Uma gafe é esquecer-se de guardar o cartão recebido antes

[Digite texto]

de ir embora.

Tenha sempre cartões! É ruim para a imagem a velha desculpa de que eles acabaram e que está providenciando novos. Isso apenas demonstra falta de logística pessoal e desorganização. Contudo, se isso aconteceu não se afobe demonstrando insegurança, apenas explique o ocorrido e, tão logo possa, envie um *e-mail* simpático comentando o prazer de ter conhecido aquela pessoa e aproveitando para passar seus dados.

Em geral, estas dicas lhe darão ar de autoridade e distinção profissional. Mas, lembre-se, ao receber um cartão, a boa educação manda que você retribua a gentileza entregando o seu.

O Celular

Acessório indispensável nas campanhas, o celular virou instrumento de trabalho e um dispositivo que nos oferece agilidade e segurança. Não há dúvida sobre sua funcionalidade, porém, a comunicação interpessoal ficou prejudicada do ponto de vista do foco, da atenção que deixamos de dar às pessoas que estão conosco ao vivo e a cores efetivamente, quando atendemos as ligações na frente delas. O diálogo ficou sem profundidade e descontinuado, pois estamos a todo tempo sendo interrompidos pelo celular.

Num mundo cada vez mais agitado, com as pessoas sem tempo, a atenção virou artigo de luxo, portanto, é importante atentarmos para algumas regras no uso do telefone celular.

Quando estiver numa reunião, conversando com alguém, recebendo visitas, em almoços profissionais, nas feiras ou em seminários, não atenda o celular, porque atrapalha a produtividade. Exceções nos casos de necessidade ou urgência. Nessas situações, é admitido atendê-lo rapidamente e dizer que retorna a ligação depois, porque a pessoa que está com você deve ser sua prioridade. Lembre-se de pedir licença à pessoa que está com você, antes de atender a ligação. Este é um indicativo de educação e de que você se importa com ela.

Mais importante que o ar de eficiência que a gente acha que adquire ao atender quem liga é conseguir mostrar para a sua companhia, seja quem for que, naquele momento, ela é a pessoa mais importante; é dar-lhe atenção.

Cuidado também com os toques chamativos do celular. Os ringtones são uma mania, mas é preciso muita cautela. Já pensou você estar num local importante e começar a tocar algo exótico para os padrões profissionais?. Músicas de moda, hino do time de futebol são deselegantes. Dê preferência a um toque sóbrio e sem gracinhas.

Além disso, não devemos:

> Falar alto - ninguém ao lado precisa tomar conhecimento da sua vida pessoal.

> Pedir o celular emprestado (aceitável apenas nas emergências).

> Atender o celular em jantares, reuniões, palestras e elevadores;

> Usá-lo na cintura. O lugar correto é no bolso ou na bolsa.

Usá-lo em consultórios, igrejas e velórios. Se precisar ligar, faça-o do *hall* de entrada.

Monte uma Rede de relacionamento ou *networking*

Você sabia que cerca de 70% das colocações profissionais é resultado de *networking*? Foi o que verificou a pesquisa realizada pela *Right Management*, consultoria especializada em gestão de talentos e carreira. O mesmo raciocínio vale para quem é postulante a cargo político.

[Digite texto]

Para conseguir enfrentar as diversidades na carreira política e para angariar votos é importante estabelecer uma boa rede de relacionamento. O networking é uma ferramenta de compartilhamento de recursos e contatos. É muito mais a respeito de ceder ajuda do que esperar que as pessoas o façam por você.

Uma rede de contatos ajuda muito, é por meio dela que conseguimos vender ideias, termos a possibilidade de escalar posições hierárquicas, fazer política,   ter consultoria grátis, pedir votos e obter aquela dica preciosa sobre os acontecimentos. A lógica da rede é a de que você protege a rede e a rede te protege.

Como qualquer relação, é necessário comunicar-se com alguma frequência com as pessoas para manter-se conectado à rede e vivo na lembrança do outro. Relacionar significa trocar. Não há relacionamento sem que as duas pontas tenham vantagem, assim, para ter êxito no networking e, principalmente, conseguir ser lembrado pelas pessoas como alguém importante, é preciso ficar ligado e responder aos *e-mails*, comparecer àqueles eventos um tanto complicados no meio do vendaval que são nossos dias; responder "não, obrigado" a um convite, justificando a ausência e não simplesmente deixar para lá como se não

[Digite texto]

fosse importante. Para quem te convidou é, de maneira que a ausência de resposta será registrada negativamente.

Outro ponto importante é lembrar-se de cumprimentar as pessoas nos aniversários e por telefone, preferencialmente. Isso faz uma diferença e tanto, pois, por e-mail, mensagem, whatsapp, é muito impessoal. Minha sugestão para você que deseja obter muitos votos, faça uma agenda de aniversariantes e tente ligar para o maior número de pessoas possível. Mas caso não seja viável ligar para todo mundo, lembre-se de cumprimentar a pessoa pelas redes sociais.

Também busque como estratégia fazer contato com a sua rede eventualmente informando algo de cunho profissional ou alguma coisa agradável e de conteúdo de ordem pessoal, para ficar ativo na memória dos prováveis eleitores. Quem não é visto não é lembrado.

Queira saber das pessoas, como elas estão. Todo mundo gosta de atenção. Fica muito chato ficar meses sem falar alguém e ligar para essa pessoa na cara dura, pedindo um favor, na hora do aperto. A possibilidade de você ser atendido é pequena. Relacionar-se dá trabalho, mas vale a pena, porque é exatamente essa rede que irá lhe apoiar nas dificuldades e durante a campanha, dando suporte, contribuído com novas ideias, trabalhando ativamente ao seu lado, transmitindo energia positiva.

[Digite texto]

Outro ponto importante na construção da rede é frequentar novos lugares para conhecer gente diferente e otimizar a rede. Ir sempre aos mesmos eventos limita o alcance do seu grupo de contatos. As palestras, os congressos e as reuniões não são os únicos lugares para trabalhar seu *networking*. Bons relacionamentos podem ser estabelecidos em atividades de lazer como churrascos, happy hour, na academia ou praticando algum esporte.

Dicas para viabilizar seu *networking*:

Partilhe ideias e convide o interlocutor para opinar sobre elas;

- Aproveite as ocasiões em que as coisas estão tranquilas para desenvolver relacionamentos e cultivá-los.
- Reserve um horário para entrar em contato com as pessoas que você não encontra há um tempo.
- Não procure seus contatos somente quando precisar.
- Não fale mal dos outros.
- Entenda um pouco de tudo, de economia à política, não se restrinja apenas a sua área profissional, porque o eleitorado estará de olho para saber se você é experiente.
- Esteja sempre aberto a novos contatos.

Lembre-se de que uma regra de ouro na formação de rede de relacionamento: você não pode ser só simpático, precisa ser capaz de prestar atenção no outro, ter disponibilidade para ajudar sem pedir nada em troca, e falar com franqueza sobre aquilo de que precisa e aquilo que pode oferecer.

Reputação nas Redes Sociais

"Você viu a foto do fulano no Face?", "Viu o sicrano como se portou na convenção!". Esse tipo de apontamento pode derrubar um candidato. São comentários que podem gerar prejuízos para a reputação se forrem mal interpretados, pois os registros da internet não nos deixam esquecer do que ficou documentado e compartilhado.

Sem dúvida nenhuma, hoje mais que nunca, as redes sociais são estratégicas nas campanhas eleitorais. Na origem, trata-se de uma estrutura social virtual formada por pessoas que se reúnem para fazer novos amigos ou manter contato com os antigo e discutir algo em comum como trabalho, política, doença, meio ambiente, esporte, cinema, entre outras temáticas.

As mídias digitais têm grande efeito na hora de ajudar o eleitor a definir o voto hoje em dia. Os meios de comunicação social tradicionais têm sido uma crescente fonte de informação para o eleitor. De maneira que

[Digite texto]

devemos conhecer algumas posturas do marketing pessoal para chamar a atenção do eleitor médio brasileiro nas redes sociais, considerando que apenas 34% da população não possui acesso à internet, segundo dados do Observatório das Eleições de 2018. Ou seja 64% da população está ligado no que veicula nas redes.

As redes são um ótimo espaço para divulgar o trabalho, é o mesmo que ter um espaço só seu na internet onde se pode divulgar conceitos e ideias; é um canal direto com a sua rede de relacionamento. É também uma forma barata e eficaz de fazer propaganda e divulgar seu trabalho e reputação. Porém, a inscrição de perfil na rede não garante que a pessoa terá a projeção desejada, ficará famosa ou será um destaque pelas coisas que posta. É preciso muito mais. É necessário observar alguns critérios de comportamento digital para virar um conceito, uma referência a ser observada e seguida.

Uma marca, que é algo que se constrói a partir do comportamento, pela forma como o indivíduo se expõe, e de acordo com o tipo de relação social e profissional que ele estabelece com os outros na web também.

A imagem que a pessoa vai construir na rede é a imagem que ficará para o grupo. Explico. Uma pessoa antipática na internet vai ser tachada de antissocial tanto na web, quanto

[Digite texto]

na vida real. Pessoas polêmicas, que vivem se lamentando, que externam raiva o tempo todo ou que não demonstram ter conteúdo pela forma como se comunicam, podem ser rotuladas de vazias e complicadas ao vivo e a cores também. A reputação digital é sempre construída pelo outro. É como no tête-à-tête, ou seja, não é o que você acha que é, mas é o que o outro percebe.

Seu Twitter, Youtube, Facebook, Instagram e Blog passam uma ideia de quem você é e quais são as suas competências e experiências, a partir do que você escreve. De maneira que, não é suficiente registrar tudo o que passa pela sua cabeça. Temos de garantir que as informações postadas possam projetar um perfil interessante e de credibilidade para quem te acompanha, para que gere valor para a imagem e reputação.

No período da campanha o cuidado com o que é postado deve ser redobrado, pois os pretensos eleitores e seus opositores estão de olho em tudo que você faz na rede. E as gafes não são perdoadas e serão replicadas em todos os meios possíveis e imagináveis trazendo resultados insonháveis. Há um preço a pagar para participar do mundo digital e pode ser alto, para o bem ou para o mal. Logo, é importante planejar criteriosamente e, se possível com por meio de uma assessoria, qual legado de conteúdo você quer deixar a seu

[Digite texto]

respeito. Construir uma reputação digital não é tão simples para isso é recomendável respeitar algumas regras mínimas:

> Uma relação é feita a dois, por isso, é importante responder às postagens, manifestar-se de vez em quando nas discussões de ideias. Converse. A regra da comunicação para persuadir funciona também nos relacionamentos virtuais. Quando apenas um fala sem considerar o outro ou menosprezando o que ele diz, torna-se um chato. Pergunte, responda aos questionamentos, curta publicações, aceite as diferenças, converse com todos. A melhor forma de estimular engajamento dos seguidores com sua página, é retribuindo as interações.

> Seja tolerante quando alguém criticar o seu ponto de vista. Não é possível na vida ter concordância sobre tudo. As diferenças existem e ajudam a criar conceitos e a impulsionar as mudanças.

> Não escreva *on-line* o que não falaria pessoalmente. E cuidado com as palavras de baixo calão e palavrões, eles só têm alguma graça quando são aplicados adequadamente.

[Digite texto]

➢ Antes de divulgar algo sobre a vida de alguém, informe-se sobre a veracidade do assunto, para evitar processos e muita dor de cabeça.

➢ Pense que qualquer coisa que você postar numa rede social pode ser acessada e reproduzida por outras pessoas.

➢ Fique de olho no português, já que algumas pessoas costumam fazer brincadeiras maldosas em relação aos erros cometidos e espalhar a gafe por aí. Para evitar erros gramaticais, releia o que escreveu e, na dúvida, não pense duas vezes e consulte o dicionário.

➢ Escreva conteúdos de qualidade e relacionado a seu projeto político, sua cidade e país que, além de atrair o eleitorado, ajudará a nutrir o relacionamento com quem já te segue, mantendo fresca a lembrança de que você é qualificado para fazer uma boa gestão e defender seu público, quando chegar o momento.

Fique atento quanto ao potencial preço que você paga quando entra na internet. Qualquer coisa que disser, qualquer site que visitar, qualquer foto que postar, qualquer comentário, mesmo e-mails, pode ganhar imortalidade instantânea na internet, produzindo pegadas virtuais que, diferente das pegadas reais, não são tão

[Digite texto]

fáceis de limpar. Além disso, seus opositores poderão estar usando recursos para descobrir coisas sobre você, mesmo que a informação tenha décadas de idade, e isso pode acabar com sua reputação em segundos.

Atitudes que viram gafes

Gafe é uma atitude não condizente com as normas sociais. É agir de forma diferente da esperada pelas pessoas, podendo, inclusive, ofender alguém.

É a famosa escorregadela, deslize, rata, termos que designam ações ou palavras que involuntariamente causam constrangimento ao autor da gafe ou às pessoas a ele próximas, podendo arruinar a imagem pessoal.

É preciso pensar antes de fazer comentários para não se arrepender depois, pois é complicado minimizar o mal-estar depois da palavra proferida. Mas, afinal, quais as frases e as atitudes que devem ser evitadas?

- Falar mal de alguém, pois pode ser um amigo ou parente de quem escutou.
- Falar muito alto num local onde é preciso cochichar.
- Admitir o celular ligado num enterro, seminário, coquetel ou reunião e deixá-lo tocar atrapalhando os presentes.

[Digite texto]

- Parabenizar uma "grávida", quando a pessoa está somente acima do peso.

- Perguntar a idade da pessoa. Não se pergunta a idade de ninguém, a não ser que você esteja preenchendo o cadastro da pessoa e a informação seja imprescindível.

- Perguntar a uma pessoa se ela fez uma plástica ou algum procedimento estético. Na era do Botox, quase todo mundo quer aparentar ser jovem e não ser atestado de retocado, coisa que a pergunta sugere.

- Perguntar "você se lembra de mim?". Para evitar saias justas e respostas do tipo "não me lembro, mas você não me é estranho", O correto é nos auto apresentar: "olá, sou a Beltrana, lembra de mim? ".

Coquetel de Negócios

Às vezes somos convidados para eventos comerciais, como a inauguração de algum empreendimento, o lançamento de um produto ou livro, e, podemos aproveitar a oportunidade para abordar as pessoas e apresentar nossas propostas políticas.

Nesses momentos, normalmente temos o famoso coquetel, que é uma forma prática e rápida de se recepcionar. Ele dura em média duas horas e todos permanecem de pé

[Digite texto]

enquanto os garçons circulam pelo salão servindo bebidas e salgadinhos.

Muita gente tem dúvida sobre como se comportar com os desconhecidos em tais ocasiões e, até, sobre o que fazer com o caroço das azeitonas. O segredo aqui é muito simples, basta observar algumas regras da etiqueta profissional, para ficar à vontade e circular. Vamos conhecê-las.

Os garçons sempre oferecem guardanapos para limparmos os dedos, o utilizamos também para conter a água que transpira dos copos. Após o uso, observe onde há um local apropriado para o descarte do papel, e evite ficar brincando com os guardanapos fazendo bolinhas, por exemplo, pois é deselegante.

Para as azeitonas, antes de comê-las, verifique se há no local um potinho para os caroços. A regra básica para o caroço da azeitona é a seguinte: do jeito que a azeitona vai à boca, o caroço sai da boca. Ou seja, se você se serviu da azeitona com a mão ou palito-aperitivo, o caroço sai de sua boca em sua mão. Se a azeitona foi à boca com o garfo, o caroço deve ser devolvido para o garfo, isto é, se você conseguir fazê-lo. Se for difícil, devolva-o para a mão em concha mesmo. Mas, particularmente, é preferível evitá-las, assim como as empadas, pois, por mais elegante que você seja, cuspir caroços e ficar "enfarofado" é simplesmente feio.

[Digite texto]

Segure a bebida com a mão esquerda para deixar a mão direita livre e seca para cumprimentar as pessoas.

Os salgadinhos devem ser pegos com as mãos, nunca com o guardanapo. É uma questão de higiene, já que você pode salivar no guardanapo e contaminar os demais salgados da bandeja com este gesto.

Em coquetéis, vale a auto apresentação, assim como conversar com as pessoas presentes, mas lembre-se de não monopolizar ninguém, seja breve nas conversas e aproveite a ocasião para circular e conhecer o máximo de pessoas possível.

Os cartões de visita podem ser trocados com aqueles que se deseja estreitar a relação. Não distribuía os cartões como se fossem panfletos, visto que a maioria das pessoas despreza essa abordagem e o seu cartão, quase que invariavelmente, irá parar na lixeira.

Almoço de Negócios e Etiqueta à mesa

Algum ilustre desconhecido disse "É à mesa que se conhece o caráter das pessoas". A frase ilustra bem a importância de portar-se adequadamente à mesa para promover a imagem e demonstrar sutil educação e elegância.

[Digite texto]

Ninguém precisa entrar em pânico só porque tem um almoço ou um jantar agendado. Esses encontros devem ser encarados com muita naturalidade, apesar de ficarmos intimidades com tanta peça para manusear. Mas não tem erro! As dicas a seguir vão ajudar a desmitificar o mistério por trás da etiqueta à mesa e do almoço de negócios, e qualquer pessoa estará apta para um jantar com a rainha Elizabeth da Inglaterra. Vamos lá.

Se você convidar alguém para um almoço de negócios, a primeira coisa a fazer é escolher um bom restaurante e nele uma mesa discreta para não ser incomodado. Opte por um lugar já conhecido, que tenha uma boa comida e possua atendimento competente.

É sempre bom lembrar que, nessas situações, estamos ali na condição profissional e não pessoal, de forma que, embora as atitudes devam ser espontâneas, é preciso manter certo grau de formalidade.

Quem convida paga. Uma dica é informar com antecedência ao garçom ou *maître* que você fará o acerto da conta. Outra possibilidade é, ao final da refeição, pedir licença, fingindo ir ao banheiro, e acertar as despesas no caixa. A regra também vale para as mulheres.

[Digite texto]

Seja pontual em tais ocasiões. É inconcebível o anfitrião não estar presente no horário combinado para recepcionar o convidado. Ao chegar, aguarde para pedir o aperitivo. Vá enrolando com água mineral ou refrigerante.

Por falar em bebidas, sugiro não ingerir bebidas alcoólicas, mas, se o seu convidado pedir uma dose de qualquer coisa, não há nada de mal em acompanhá-lo. Entretanto, limite-se a dois drinks para não perder o controle da situação.

Caso chegue atrasado, independentemente de ser um almoço de negócios ou um encontro pessoal, é fundamental lembrar que não deve haver contato físico à mesa, em situação alguma, por uma questão de higiene. Ou seja, beijinhos e apertos de mão, nem pensar! O correto é dar somente um "oi" geral ou um assentir de cabeça e juntar-se aos demais.

Não coloque objetos sobre a mesa e deixe seu celular no bolso e no silencioso. Lembre-se que você deve prestigiar seu convidado. Não devemos usar, portanto, bloquinho e caneta para anotar detalhes conversados. O almoço de negócios é uma maneira descontraída de as pessoas se reunirem em torno de um assunto de trabalho. É fácil perceber como é estranho alguém aparecer com um bloco de anotações, um *notebook* ou uma calculadora.

[Digite texto]

Distribua seus convidados de forma estratégica. A disposição à mesa parece ser uma bobagem, mas não é. Se forem apenas duas pessoas, sentam-se uma em frente à outra. Se houver mais de duas pessoas convidadas, então a pessoa com o cargo mais elevado senta-se à sua direita.

Só tire o paletó se a pessoa com quem está negociando o fizer, aliás, vocês estão ali a trabalho, e não em casa. Pelo mesmo motivo, a reunião deve ser breve, com no máximo duas horas de duração, para não cansar as partes envolvidas.

O momento de falar sobre negócios é após a refeição, especialmente durante a sobremesa ou o cafezinho. É prudente aguardar o anfitrião introduzir o assunto.

Com o número cada vez maior de executivas do sexo feminino, pode, perfeitamente, partir delas o convite para o almoço. Porém, para não criar constrangimentos, indica-se que a mulher vá acompanhada de um assessor do sexo masculino.

Na hora da despedida, é atencioso acompanhar o convidado até a saída e dar-lhe um simples aperto de mão, com a certeza de que deixou uma boa impressão.

O que deve ser observado à mesa

A mesa tem uma extraordinária importância nas relações sociais. Sempre se celebram datas de acordos pessoais, ritos de passagem de significado familiar, batizados, casamentos, noivados, despedidas, funerais, acordos históricos da vida de um país a nível nacional ou internacional com uma refeição.

Saber se portar à mesa é necessário. Toda a movimentação durante a refeição simboliza cultura, poder e determina a dimensão social do indivíduo.

Uma refeição completa é variada, e essa variedade é consumida numa ordem segundo a natureza do alimento, numa ordem digestiva e em consonância com os estágios fisiológicos que se desenvolvem no organismo ao longo da refeição. A sopa, por exemplo, tem a função de dilatar o estomago para prepara-lo para receber os demais alimentos.

A ordem determina, portanto, que comecemos dos pratos mais simples para os mais elaborados. Do mais leve ao mais pesado. A mesma regra vale para as bebidas. A ordem dos pratos é a seguinte, segundo Nunes Cobra, mestre no assunto:

Hors-d'oeuvre: Aperitivos. Servem-se alimentos de aspecto atraente, que excitam o apetite, que estimulam as glândulas salivares e gástricas: petiscos, canapés, ovinhos, pãezinhos,

[Digite texto]

frios, que acompanhados de pequena dose de aperitivos: caipirinha, espumante, etc.

A sopa ou um consommé. - A refeição propriamente começa com uma pequena quantidade de sopa que continua o trabalho de preparação iniciado com os petiscos e destina-se a dilatar, com seu calor, os vasos sanguíneos da boca e estômago, e estimular as glândulas e, principalmente, fornecer o volume de líquido que o processo digestivo irá consumir.

Entrée (Entrada). Etapa da refeição onde é apresentado o "primeiro prato" ou entrada, que consiste de alimento um pouco mais leve que o do prato principal, que será servido na sequência, são saladas, *soufflé*. Pode também servir peixes e aves, ostras, siris, etc. Este prato é acompanhado de um *vinho* mais leve que o vinho que depois acompanhará o prato principal. Geralmente é servido vinho branco seco, nunca vinho doce, nem mesmo os suaves. Pode servir vinho verde também.

O Prato Principal: O prato principal é o que representa realmente a refeição, é em geral à base de carne vermelha (carne de gado) ou carne de porco e de animais de caça, que fornecem proteínas completas. Podem ter por base carnes de aves como frango, pato e peru. As carnes são

[Digite texto]

acompanhadas de legumes como arroz, batata, feijão, e verduras mais consistentes como a couve, brócolis. Farofas ou pasteis de carne são outros tantos acessórios. O prato principal é acompanhado de um vinho mais encorpado, geralmente vinho tinto.

Queijos. Muito comum na Europa. Após o prato principal vem o prato de queijos (*le plateau de fromages*) para limpar o paladar. Pode ser substituído por frutas.

A *sobremesa*. Removidos os vestígios da fase salgada da alimentação, começamos com a fase doce, que tem lugar ainda à mesa de refeição: a sobremesa ou *dessert*, composta de pudins, compotas, sorvetes, mousses e até frutas.

Café, licor e cognac. Fora da mesa de refeições, na sala de estar, são servidos o café e o *cognac* (nesta ordem) cuja função é ajudar a digestão das gorduras e cortar a sonolência que uma refeição tende a causar.

Compreendida essas informações preliminares vamos entender como se portar durante a refeição:

[Digite texto]

Ao se sentar, coloque o guardanapo no colo, se ele for de pano e grande. Os pequenos mesmo de tecido ficam em cima da mesa, como os de papel.

Existe uma dúvida quando há muitos talheres dispostos, mas a regra é bem simples, sempre usamos primeiro o mais afastado do prato, que são, nos eventos formais, retirados juntamente com o prato, ao seu término. Se você tiver alguma dúvida, copie os gestos de alguém.

Copo de vinho branco ou tinto é cheio até 1/3 do seu volume. O de espumante é até a metade. Água e refrigerante ¼ do volume Os volumes asseguram que a bebida será ingerida até o fim na temperatura correta, sem esquentar.

Não corte todos os alimentos no prato de uma única vez – faça-o à medida que os for ingerindo e corte pedaços que caibam na sua boca.

Não manuseie o garfo ou a faca como se fosse uma raquete ou uma espada.

Copos com haste devem ser pegos pelo pé, independentemente do tipo de bebida que ele contenha.

Numa refeição sofisticada não se bebe nem suco, nem refrigerante, pois eles alteram o paladar da comida.

[Digite texto]

Nunca use palitos nos dentes, nem fale de boca cheia ou mastigue fazendo barulho.

Não reclame da comida nem do serviço. Parecer insatisfeito pode dar a entender, dependendo do caso, que o anfitrião não soube receber bem ou que não escolheu adequadamente o restaurante.

Os talheres durante a refeição, enquanto não estiverem sendo usados, devem ser apoiados no prato como na figura abaixo:

Posição correta dos talheres durante a refeição

Ao terminar a refeição, o garfo e a faca devem ser descansados paralelamente, com a faca à direita do garfo, com a serra voltada para ele. Esta é a posição clássica e considerada mais sofisticada. Se pensarmos no prato como um relógio, teríamos 18h30 como horário. Outra possibilidade é depositar os talheres na posição de relógio correspondente à 16h20 ou num quadrante próximo a isto.

Posição correta dos talheres após o término da refeição

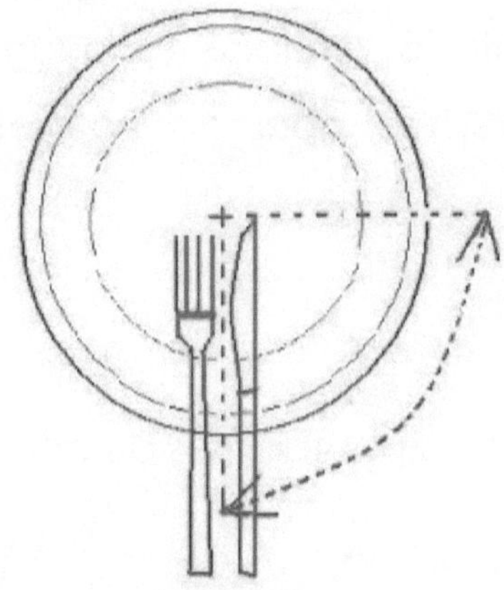

Os talheres durante a refeição, enquanto não estiverem sendo usados, devem ser apoiados no prato como orientado no vídeo que eu gravei para a Exame:

http://exame.abril.com.br/videos/sua-carreira/como-manusear-os-talheres-no-almoco-de-negocios.

Comportamento em Festas

Durante uma campanha qualquer festa que você participar é uma oportunidade de apresentar a uma massa anônima

[Digite texto]

de pessoas suas ideias. A participação em qualquer encontro desse tipo pode virar um pequeno comício, de forma que as festas devem ser consideradas como um evento de trabalho.

Isso considerando, toda vez que temos num grupo alguém que pode nos promover, eleger ou detonar nossa imagem, devemos ter cuidado redobrado com o comportamento.

Muitas carreiras promissoras são interrompidas por má postura em festas sociais ou mesmo profissionais, quando as pessoas se soltam além do normal. Na verdade, o álcool é responsável pela maioria das gafes que cometemos nos eventos, pois ele diminui a inibição e destrava a língua. Beber menos é mais elegante e garante que você não sairá do controle; de maneira que as dicas de sempre devem ser observadas. Vamos lá:

Não encha o copo com bebida. Também não coma como se fosse a sua última refeição. É muito feio e todos vão reparar. Para os dois casos sirva-se aos poucos. Não há problema nenhum ir ao *buffet* várias vezes, até ficar saciado.

É importante lembrar que nas festas devemos manter um comportamento reservado e evitar os exageros em tudo, menos no discurso, que pode ser acalorado. É importante frisar que os excessos serão lembrados pelos presentes talvez

[Digite texto]

para sempre. Uma má imagem pode levar até 20 anos para ser apagada e isso pode nunca acontecer.

Quanto ao traje, o correto é vestir-se de forma discreta. Nada mais inapropriado do que roupas decotadas e sensuais, camisas mal passadas, colarinhos abertos, informalidade em excesso. Isso vale para homens e mulheres.

Quando a festa for à beira da piscina, não é boa ideia ficar seminu. Mesmo se o dia estiver escaldante resista à vontade de mostrar o corpo porque não pega bem. Fuja dos *shorts*, vestidos transparentes, roupas curtas, muito justas e, se possível, evite as bermudas.

Pense que esses eventos são uma ótima oportunidade para você ter uma conversa mais relaxada com as pessoas, o momento adequado para realizar um comício mais tímido. Aproxime-se daqueles que você não conhece e apresente-se e comente sobre sua proposta de trabalho. Lembre-se apenas que, nos festejos, não falamos de problemas pessoais, dificuldades financeiras, doenças, morte, tragédias. Aliás, não se fala disso em festa alguma, o ano inteiro.

Se precisar, é permitido sair discretamente da festa, despedindo-se apenas dos donos da casa. Convém ressaltar aqui uma curiosidade. Frequentemente, utilizamos o termo "sair à francesa" com o sentido de sair discretamente, mas é um grande equívoco! "À francesa" significa sair despedindo-se com beijinhos. "Sair à inglesa" é que significa sair com discrição.

Quanto às fotos, não tire nenhuma com bebida alcoólica na mão (guaraná pode ser confundido com uísque) ou cigarro, para não minar sua reputação. Cuidado também com vídeos comprometedores que registram a animação de todos ou que expõem situações constrangedoras. Não caia em nenhuma cilada. Lembre-se que a internet eterniza os momentos, mas não informa o contexto.

Psicologia da Roupa – Como Embalar a Competência

Leonel Brizola usava um ditado popular para definir uma de suas teses: "tem couro de jacaré, tem rabo de jacaré, tem dente de jacaré, então como não é jacaré? ".

A advertência engraçada deixada pelo nobre deputado foi muito óbvia: as pessoas nos tomam por aquilo que parecemos ser. E, talvez, não exista nada melhor para falar sobre uma pessoa do que sua roupa. O vestuário "grita", como diz Umberto Eco, no livro Psicologia do vestir.

Pelos seus trajes os ouvintes terão uma boa ideia de quem você é, e antes que comece a discursar já terão formado uma opinião a seu respeito. A roupa, assim como a

[Digite texto]

linguagem verbal, é parte importante do universo vastíssimo da comunicação, exatamente por isso, o traje precisa corresponder a sua identidade de "parlamentar" e às expectativas que as pessoas têm a seu respeito que devem transmitir honestidade, compromisso, seriedade e competência.

Meu objetivo não é passar receita de como se tornar uma pessoa fashion, a partir das roupas que fazem sucesso dentro e fora das passarelas. Isso eu deixo para um universo vastíssimo de fashionistas que têm por aí. Pretendo apenas orientá-lo a respeito da escolha da roupa mais apropriada quando precisar falar em público, num comício, andando pela cidade em busca de votos. Você verá que os conceitos sobre o tema são bastante simples, e irá ajudá-lo a se vestir de forma correta aumentando ainda mais suas chances de sucesso diante de qualquer plateia, já que se você se sentir inseguro sobre a roupa que vai usar, muito provavelmente ficará inseguro e pouco à vontade diante do público.

Em algumas situações a escolha o traje é bastante natural, uma vez que bastará vestir um terno ou um tailleur (se for uma mulher) e você estará pronto para se apresentar. Contudo, nem sempre a escolha do traje é tão simples assim, e por mais criteriosa que seja a decisão as dúvidas poderão persistir. Seu desconforto será grande se sua roupa for

[Digite texto]

diferente das roupas usadas pela maioria das pessoas. Na verdade, você só se sentirá à vontade à medida que mais pessoas usarem roupas semelhantes à sua. É comum assistir a filmes que apresentam cenas mostrando personagens sendo ridicularizadas por um grupo porque se trajavam de forma errada para determinado evento, coisa não rara na vida real quando os indivíduos são públicos.

Há pessoas, entretanto, que, propositalmente, se vestem de maneira totalmente diferente do padrão e nem por isso se sentem constrangidas. Fazem dessa diferença uma espécie de marca pessoal, para registrar uma personalidade exótica. Chamo a atenção para esse ponto porque, também neste caso, ser diferente e extravagante é o que representa aquele sujeito. Ele é conhecido exatamente por essas características. É um caminho que pode ser seguido por muito poucos, por ser uma conduta que contraria a regra geral.

Considere a formalidade da situação

Já sabemos que, em 3 segundos, formamos a impressão de uma pessoa. A sua aparência é uma das principais responsáveis pela primeira impressão que você provoca, e continua sendo importante nas impressões seguintes.

Eis por que a apresentação pessoal é tão estratégica e por que vale a pena caprichar nos detalhes da aparência,

[Digite texto]

escolhendo a roupa certa para cada ocasião e adotando uma linha de conduta condizente com papel que você deseja desempenhar, neste caso o de um governante, na forma mais ampla da palavra.

Todos nós deveríamos nos filmar para enxergar como somos, de fato, e não como imaginamos ser. A maioria das pessoas tem uma imagem distorcida de si mesma; costumamos nos achar melhores e não observamos detalhes importantes que o outro percebe. Assim, quando filmamos, fica tudo evidente: o colarinho torto, a calça sobrando, a postura curvada, o andar descompassado, a voz esquisita, a roupa mostrando o que deveria estar escondido. É ótimo se analisar sem máscaras, pois temos a oportunidade de repensar nosso modo de vestir, ser e agir.

No que diz respeito às roupas, achar o traje apropriado para o ambiente de campanha nem sempre é uma tarefa fácil. Existem as dúvidas sobre o que é adequado, mas não importa que rumo sua carreira siga, jamais deixe de parecer profissional na maneira de se apresentar. É importante planejar o que você irá usar para causar boas impressões e ter uma imagem de credibilidade logo de cara. Pense na imagem que você gostaria de transmitir para as pessoas ao selecionar os *looks*, considere o ambiente em que você irá circular se é formal ou informal.

[Digite texto]

Existem locais e grupos sociais que permitem a informalidade no trajar como, por exemplo, o pessoal de publicidade, de design, de *marketing*, alguns da área de informática, grupos de estudantes, de sindicalistas, em que se pode transitar de jeans e camisa polo ou blusa mais simples, dependendo do gênero. É bom lembrar que, por mais informal que o ambiente seja não devemos usar qualquer coisa. Bermudas, acessórios extravagantes e boné não pegam bem quase nunca. Mesmo em lugares mais descontraídos o bom senso deve prevalecer.

Em públicos formais, como os da área financeira, da advocacia, do serviço público, do governo, o guarda-roupa pede peças sóbrias, do tipo alfaiataria. O motivo é simples: o traje esporte traz consigo a informação de descontração, relaxamento e lazer, nada a ver com o esforço e a concentração que imperam no ambiente corporativo. Lembrando que você, douto candidato, um dia representará uma entidade governamental e se vestirá provavelmente de maneira formal. Portanto, certa impressão de formalidade deve estar contida nas roupas que você usa no dia a dia para te ajudar a criar uma identidade visual.

Que roupa usar em comícios

[Digite texto]

Em época de campanha eleitoral essa é uma das questões geralmente levantadas: que tipo de roupa devemos usar num comício?

Nesses casos, olhando como os congressistas mais experientes se comportam, verificamos que eles se afastam das roupas muito protocolares como os ternos e tailleurs. Quando se apresentam em palanques usam geralmente camisa branca com as mangas arregaçadas, para demonstrar a imagem de alguém que está "pondo a mão na massa" e quer se aproximar ainda mais dos eleitores. Alguns, contudo, ao se apresentarem em programas de televisão voltam aos trajes formais, do tipo terno, o que particularmente sugiro.

Observe que cada circunstância exige um tipo de roupa apropriada. Se você pressentir que o local onde fará a apresentação é formal, vá vestindo assim. Ao contrário, se o ambiente for mais descontraído, se vista mais despojado. Caso não tenha tal informação, vá formalmente vestido. Chegando ao local, se constatar que as pessoas estão à vontade, se você for homem bastará tirar o paletó, a gravata e dobrar as mangas da camisa e estará trajdo de acordo com as circunstâncias. Agora, se você for uma mulher poderá se livrar de alguns acessórios, que também estará vestida de maneira apropriada.

[Digite texto]

Se ao contrário disso, agir de maneira diferente, ou seja, for despojado para o evento e constatar que ele é formal, não terá como consertar o engano e poderá se sentir inseguro e deslocado no ambiente. Vale ressaltar que mesmo em ambientes bem descontraídos, e sendo que suas pretensas funções exigem roupas formais, como já destacamos, é interessante trajar-se com alguma formalidade, pois, provavelmente, seja essa a expectativa dos ouvintes.

A roupa errada pode "queimar seu filme" e criar destaque negativo. Ao pensar na roupa que você pretende usar para ir aos eventos políticos, uma coisa deve ficar em mente: o que acontece no comício não fica apenas no comício, tudo é documentado, fotografado e, no dia seguinte, poderá virar comentário e manchete. Portanto, vale conhecer algumas dicas para ficar se destacar pelo visual:

1. Opte por roupas parecidas com as do trabalho para ter um ar arrumado e profissional. Evite usar peças que costuma sair com os amigos. Abuse dos acessórios de qualidade para incrementar o traje como relógios, sapatos, bolsas e pastas. A dica serve para ambos os sexos.

2. Não use roupas vulgares. Vulgar é aquele *look* que expõe demais o corpo, que mostra muito a pele: roupa curta ou justa demais, jeans lavado e roupa estilo *skyne*. Camisetas

[Digite texto]

com frases humorísticas, de time de futebol e sem manga, tendem a causar má impressão.

3. Tatuagens e afins. Nada contra, mas, se você possuir uma tatuagem ou piercings, é melhor não a deixar à mostra. Em 70% dos casos, pessoas tatuadas não passam na entrevista de emprego, isso nos dá uma ideia do que os outros pensam sobre o assunto.

Os looks indicados para as mulheres são:

- ➢ Camisa + saia: use uma camisa por dentro da saia ou por fora com cinto, se sua cintura não for delineada.

- ➢ Blusa com um belo decote (não profundo) + saia. Decotes pedem saias ou calças mais comportadas, do tipo alfaiataria.

- ➢ Vestidos. Opte por um sem muito decote, no comprimento dos joelhos ou cerca de até quatro dedos acima, podendo ter um pouco de brilho. Ele também pode ser básico, daí é necessário caprichar nos acessórios. Uma boa pedida é o tubinho, que sempre dá certo.

- ➢ Fuja de: bermudas, vestidos grudados demais ao corpo, tops que deixam o umbigo ou a barriga aparecendo, camisas com o colarinho aberto, sapato velho, meia da cor errada. Não há nada mais deselegante.

➢ Lembre-se das unhas, que precisam estar benfeitas e não devem ser estampadas.

➢ Calça social de alfaiataria combina com camisas e blusas de vários estilos.

➢ Se a opção for por jeans, lembre-se que ele deve ser escuro e clássico, de corte reto, sem a presença de detalhes ou bordados e, ainda, possuir o cós mais alto.

➢ Tenha camisa de várias cores, pois elas são versáteis.

➢ Tenha também saias, *blazers*, *tailleurs* e terninhos estruturados. Os paletós, quando fechados, precisam se ajustar corretamente no busto e na cintura, sem ficar repuxado. As mangas devem ser mais ajustadas. O caimento necessita ser perfeito. E evite tecidos com muito poliéster na composição da trama, pois passam a impressão de roupa sem qualidade. Gravem a máxima: "Menos poliéster é mais".

➢ Use casaquinhos para sobrepor em vestidos e blusas com alças, eles atualizam o visual e, também, deixam o traje formal.

➢ Use vestidos básicos com comprimento mais comportado. Podem-se usar cortes assimétricos, abusar nas texturas, cores e drapeados.

➢ Saias retas com comprimento até o joelho, em cores ricas como vermelho, ameixa, vinho e azul-escuro são ótimas opções que devemos ter. Eu gosto muito do midi para saias e vestidos também, já que ele traz glamour, romantismo e elegância para o visual. O midi é um cumprimento que começa após o joelho e pode ir até quase o fim da panturrilha.

➢ Quanto aos acessórios, aposte em brincos e colares em tamanho de pequeno para médio. As bolsas pedem um modelo mais formal em qualquer cor, exceto neon. As de cor vermelha, mostarda e azul *royal* são um clássico. Lenços são ótimas opções para dar um toque mais sofisticado ao *look*.

➢ Os sapatos para o palanque precisam ter o calcanhar fechado. Os saltos devem ir até sete centímetros de altura e serem, preferencialmente, mais grossos, afinal você precisa de conforto também.

➢ Não se usa saia ou vestido longo em comícios ou no trabalho. Prefira saias com altura próxima a dos joelhos ou midi.

➤ Parece óbvio alertar, mas não é! O frio pede roupas quentes, o calor pede roupa fresca. Então, usar bota com *top* e malha com sandália de tira é totalmente equivocado.

Outras dicas

➤ Um terninho preto com camisa branca e *scarpins* preto é conservador, mas, se trocarmos a camisa branca por uma camisa com alguma estampa e os *scarpins* por *peep-toe*, temos um visual elegante, mas não tão formal.

➤ Vários consultores conceituam a estampa de bicho negativamente no mundo corporativo, porém, se ela for utilizada corretamente, acompanhada de calça alfaiataria e sapato fechado, pode. Por quê? É que a calça e o sapato fechado, tipo *scarpin*, tem conotação de alta formalidade, o que neutraliza o apelo sexual da estampa de animal.

O truque é simples, basta neutralizar o tom sexual do bicho com peças que comunicam formalidade. Mas a estampa deve compor no máximo 30% do volume da roupa. 70% ficam por conta dos elementos formais, incluindo aí as *bijoux*, que precisam ser discretas, assim como a maquiagem.

[Digite texto]

➢ Cuidado com o uso da cor rosa, que, dependendo do tom pode ser muito romântico, principalmente se o tecido for fininho. Quanto mais azul na composição do rosa a roupa tiver, mais positiva ela pode ser. Combine a cor com marinho ou cinza, fica lindo.

➢ *Make-up*: a maquiagem pode ser um pouco mais ousada do que a que você usa para trabalhar, para ser enxergada de longe e aparecer bem nas fotos e filmagens, caso existam. Usar batom escuro e olhos marcados está permitido, desde que os olhos não estejam muito pretos.

➢ Faz parte também da formação da imagem e da composição da roupa o que chamamos de adorno: cabelo, unha, sobrancelha, que necessitam estar sempre aparados e organizados.

Sabotadores de imagem feminino

Roupa decotada, fendas, transparências, roupa curta, saia longa, pele à mostra, roupa justa demais, *tops*, blusa de alcinha, estampas grandes, cores vibrantes, acessórios muito artesanais e coloridos. Sandálias de salto muito alto e fino, cabelo despenteado e preso de qualquer jeito, cabelo molhado, perfume forte, *jeans* desbotado ou com acessórios, unhas estampadas, maquiagem pesada, brilho de qualquer

[Digite texto]

espécie, inclusive, na maquiagem, roupa íntima aparecendo. Todos esses são itens que podem sabotar a sua imagem.

Os *Looks* indicados para os homens são:

O vestuário profissional deve conter elementos que sugerem liderança, já que os espaços corporativos costumam ser bastante competitivos e pequenos detalhes podem fazer a diferença na maneira como somos vistos por todo mundo.

Para os ambientes formais, a peça chave é o terno. Ele é basicamente seu uniforme e torna a tarefa de se vestir bem mais simples, basta escolher as cores certas e acertar na gravata, que dará o toque pessoal ao *look*.

É aconselhável que você adquira ternos em cores sóbrias e tenha pelo menos três costumes (nome dado à dupla calça e paletó): um escuro com risca-de-giz, um marinho e outro cinza.

Para as camisas, o ideal é que se tenham duas na cor branca, uma com listras discretas e outras duas lisas em cores como rosa, amarelo e azul.

Caso o ambiente seja informal, opte por *looks* casuais, mas que demonstrem discrição e bom gosto. As combinações básicas mais indicadas envolvem calça *jeans*, *blazers*, jaquetas, mocassins, camisetas e camisas polo.

[Digite texto]

As calças de sarja ou brim, nos tons bege ou cáqui, sempre ficam lindas com camisas coloridas ou listradas e sapato marrom. Se optar por usar *jeans*, ele deve ser de corte reto e cor escura.

Ao usar terno, fique atento às dicas abaixo.

- O paletó necessita cair perfeitamente nos ombros.

- O cinto deve combinar preferencialmente com a cor do sapato.

- A gravata acaba na fivela do cinto.

- As meias combinam ou com o sapato ou com a cor da calça. Meia branca é usada apenas com tênis branco ou calça branca.

- As cores indicadas para os ternos são: bege, cáqui e cinza para o dia, azul-marinho para qualquer horário e preto para a noite.

- Cuidado para não usar meias puídas, velhas ou com bolinhas. Afinal, ao se sentar e cruzar as pernas, as pessoas perceberão os defeitos.

- As mangas da camisa devem ser 0,5 cm mais compridas que as mangas do *blazer* do terno.

[Digite texto]

- Atenção ao cumprimento da calça para não ficar sobrando e folgada em cima do sapato.

Em dias de calor

Nos dias mais quentes, uma boa dica para aliviar o calor é optar por tecidos naturais como lã fria. A escolha das camisas também deve ser por tecidos naturais.

A maioria dos homens transpira muito, por isso, é aconselhável usar uma camiseta branca por baixo das roupas sociais ou, ainda, ter uma segunda camisa de reserva.

Outro ponto importante é usar roupas claras, que são mais frescas por refletirem a luz do sol. Se usar ternos, prefira os em tons de bege, cinza e azul.

Talvez seja desnecessário informar, mas tome banho todos os dias antes de sair de casa. Pode parecer simbólico, mas um bom banho realmente parece "lavar a alma", além do corpo e passa a impressão de alguém asseado, arrumado e correto.

Disfarçando os problemas

O homem com barriga deve usar cós da calça mais alto, camisas em tons mais escuros e tecidos mais pesados e de

[Digite texto]

bom caimento para não marcar a gordura. Evite coletes, camisas estampadas, justas e curtas.

Pessoas de alta estatura ficam bem com listras horizontais; calças com barra italiana; camisas coloridas; ombros maiores e calças com pregas. Devem evitar gravatas finas, malhas de listras largas e verticais, visual monocromático (tecido e cor de mesmo padrão) e calças curtas.

Pessoas de baixa estatura ficam bem com propostas monocromáticas, roupas com riscas verticais, ombreiras discretas nos ternos, roupas mais ajustadas ao corpo, padronagens miúdas, camisas com lapelas pontudas e colarinho mais estreito.

Verifique a costura e o forro das peças, pois, quanto melhor for a roupa por dentro, melhor será o caimento dela.

Outra advertência importante que é percebida por todo mundo: as camisas precisam ser bem engomadas, com seus colarinhos impecáveis. Nada de usar colarinho aberto como nos anos 70.

Acessórios para os homens

A maioria dos homens não gosta de usar acessórios e economiza muito neste item, mas não deveria ser assim. Um bom complemento é tão importante quanto à roupa.

[Digite texto]

Relógios de pulso fazem mais do que marcar as horas, eles chamam a atenção e marcam seu estilo. Portanto, compre um de arrasar. Não economize. A maioria dos brasileiros adora padrões maiores, que são modelos mais esportivos e não servem para todas as ocasiões. Um relógio para mergulhador, por exemplo, não deve ser usado com terno. É importante ter um clássico, com mostrador simples, caixa e pulseira de metal, para os eventos formais de trabalho.

Entre os modelos clássicos, há os mais despojados, com pulseira de couro, mas os de pulseira de metal levam mais vantagem, pois, além de combinar com costumes e ternos, também podem ser usados com *looks* casuais em situações informais. Eles combinam com a maior parte do guarda-roupa masculino.

As gravatas também são acessórios importantes que ajudam a compor o *look* do profissional de sucesso. Ela é um elemento de destaque por si só, afinal, está colocada bem no centro do tronco, portanto, não deve ser chamativa, o que não significa usar gravatas apagadas, sem criatividade. Contudo, no ambiente formal, esqueça as estampas temáticas, adote as mais clássicas. Lembre-se que a ponta sempre encosta na fivela do cinto.

Os óculos são outro item que complementam o visual. Por ficar no rosto, chama muita atenção num primeiro contato, por isso mesmo evite modelos extravagantes que deixam você com cara "mosca" ou que determinam muito uma tribo, a não ser que você precise desta referência para a sua marca ou profissão.

Acessórios *oversizes*, principalmente <u>óculos</u> e relógios, fazem parte de uma onda *retrô* que veio das ruas para a passarela, mas é preciso manter as proporções corretas para não ficar parecendo personagem de desenho animado. Em todos os casos, prefira os modelos clássicos. Estilo Ray Ban para os óculos não tem erro e você vai abafar.

Uma recomendação para os homens quanto ao uso de acessórios, já que eles não têm tantos detalhes no visual: tenham acessórios de tecnologia atualizada (*tablets*, celulares, *notebooks*), pastas ou mochilas de boa qualidade e valor estético, canetas e relógios de bom *design*. São elementos que transmitem uma impressão mais contemporânea.

Meninos, observem também os sapatos, que informam se você está "no hoje" ou "no ontem" em relação ao seu visual.

Sabotadores de imagem masculino

Meia com aspecto envelhecido e a combinação errada da cor com os sapatos ou calça, tatuagens, barra da calça sobrando, camisa suada, uso de camisetas e acessórios

[Digite texto]

chamativos como pulseiras e colares, *jeans* surrado ou em cor desbotada, sapato sem meia. Usar tênis ou sapatênis, que são informais demais, em empresas burocráticas também prejudica a sua imagem.

Meias

Um quesito importante a ser observado pelos homens é quanto ao uso das meias, que tem por objetivo alongar a perna. Ela pode combinar com a cor do sapato, da camisa ou da calça. A combinação meia/camisa é difícil, pois determina alguém com muito estilo para usar; faz uma alusão quase direta a quem trabalha com moda.

Particularmente, acho a combinação meia com sapato é mais fácil de acertar. Vejamos algumas combinações:

Terno preto: meia preta – sapato preto

Terno cinza: meia preta – sapato preto ou meia marrom – sapato marrom

Terno azul marinho: meia preta – sapato preto

Terno bege: meia marrom – sapato marrom

Resumindo:

Para ternos cinza, chumbo, marinho e preto, ficam melhor com sapato preto e meia preta ou meia da cor da calça.

[Digite texto]

Para ternos marrom, verde e bege, fica bom sapato marrom e meia marrom ou da cor da calça

Observação: Meia branca deve ser usada apenas com tênis branco.

Os pelos

Para instigar positivamente alguém, a orientação é manter a aparência agradável e os pelos merecem uma atenção especial neste sentido, já que temos cabelo por todo o corpo e eles impactam na atratividade e afetam a forma como as pessoas irão avaliá-lo.

Começando pela sobrancelha, item essencial para valorizar a fisionomia, uma simples contração dessa parte do corpo pode comunicar muita coisa, não é mesmo? Assim sendo, todo o cuidado é pouco no momento de tirá-la, principalmente se for em casa, sem a ajuda de um profissional.

Nas mulheres, sobrancelha fina demais deixa a pessoa com cara de doente. Por fazer, dá a impressão de desleixo.

Para os homens é importante tirar o excesso de pelo para não parecer dos tempos das cavernas. Entretanto, vamos deixar claro que, para os eles, uma sobrancelha benfeita é quando praticamente não se percebe modificações. Não devemos mexer na estrutura dela, o correto é limpar o entorno, aparando os pelos e só.

[Digite texto]

Quando elas ficam arqueadas, como as do jogador de futebol Cristiano Ronaldo, ficam com aspecto afeminado.

Na teoria do papel social, rostos masculinos são considerados mais atraentes e dominantes. Faces com sobrancelhas grossas demonstram características faciais maduras e são tipificadas com sendo os portadores fortes e assertivos.

Também não é muito bonito e nada profissional cabelo despenteado, na orelha, saindo pelo nariz; barba e bigode

[Digite texto]

malfeitos, axilas, pernas e buço por depilar – nas mulheres. Sem contar pintura desbotada ou retoque por fazer, no caso daqueles que usam tinta nos cabelos.

A questão é que a aparência é uma forma de comunicação que
expressa aspectos da vida da pessoa. Ela diz muito sobre quem somos e informa seu provável temperamento, bom senso, autoestima ou desleixo.

A aparência afeta sobremaneira a forma como você é percebido e avaliado dentro do estereótipo cultural sobre os papéis sociais adequados para homens e mulheres.

Presume-se, ainda, que a qualidade do seu trabalho provavelmente não será melhor do que a qualidade da sua aparência.

A beleza ajuda a vencer eleição?

No século XIX, o escritor irlandês Oscar Wilde dizia que "só os fúteis não julgam pela aparência". Hoje em dia a imagem faz um candidato ganhar ou perder votos. Dilma Roussef e Lula que o digam, afinal seus marqueteiros se empenharam no aperfeiçoamento estético dos candidatos.

Há quem discorde da afirmativa. A assessoria de José Serra entende que os trunfos do presidenciável: "a confiança e a

[Digite texto]

autenticidade são suficientes para conseguir o cargo", motivo pelo qual ele continuou careca e enrugado.

Mas como os estudos de opinião encaram a questão beleza x voto?

Algumas pesquisas sugerem que as pessoas não usam bases racionais ao decidir em quem votar, e sim critérios mais simples como impressões feitas a partir da aparência.

Joan Chiao, da Universidade de Illinois (2008), fez uma pesquisa apresentando fotos de candidatos a eleitores, buscando diagnosticar quais eram as qualidades entre competência, beleza e proximidade, mais valorizadas em políticos de ambos os sexos. O resultado foi interessante:

Os homens tendem a votar em candidatos de mesmo sexo, ou seja, outros homens que lhes parecem competentes. E em candidatas mulheres atraentes, em primeiro lugar, e competentes, em segundo plano.

Já as mulheres votam em candidatos homens que lhes parecem competentes, em primeiro lugar, e próximos, em segundo lugar. E em candidatas mulheres competentes, em primeiro, e atraentes, como segunda qualidade. Logo, o homem pode ser feio e a mulher tem de ser bonita? É o revelou a análise da pesquisa.

[Digite texto]

O cientista político Antônio Lavareda concorda com o resultado. Ele disse que "A Dilma tem de se vestir bem e parecer charmosa para seduzir o eleitorado masculino e parecer competente e atraente para as mulheres". Segundo Lavareda, está explicado por que a americana Sarah Palin, apesar de todas as bobagens que diz, despontou como muita força no Partido Republicano em 2012. Você deve se lembrar como as pernas Sarah foram valorizadas e associadas à boca e aos olhos expressivos. Mas, quando ela começou a falar, ave-maria, virou personagem de humor.

Contudo, beleza e charme por si só não ganham eleição. Se assim fosse, Margaret Thatcher, Michelle Bachelet e Angela Merkel não estariam na galeria das mulheres mais poderosas do mundo. A mais vaidosa delas, a exagerada Cristina Kirchner, que comandou a Argentina por causa do marido, despertava mais aversão que amor nos argentinos.

Além de boa aparência é preciso ter a capacidade de se comunicar bem com as pessoas imprimindo carisma e possuir um comportamento que informa competência e honestidade.

Então, a beleza aqui entendida como virtude ou propriedade do que é atraente, que causa admiração ou prazer por meio dos sentidos, sozinha não diz nada, mas associada a outras competências, pode sim alavancar uma posição de destaque em qualquer meio.

Voltando ao caso de Dilma, seria tolo desprezar a transformação radical de seu visual. Tanto a plástica quanto o Botox, e a mudança na roupa, acessórios, cabelo e maquiagem, tiveram uma função mais profunda que embelezar seus traços. O objetivo foi suavizar a imagem psicológica de Dilma, como foi feito com Lula antes. O semblante severo e a aparência antiquada reforçavam a fama de gerente durona, rígida, excessivamente técnica e chata. Tudo o que o brasileiro comum odeia.

Já Serra era o favorito entre as eleitoras mulheres na época, apesar de estar longe de ser referência de beleza, embora tenha ficado mais simpático. "Para resumir o que está em jogo em 2010, o sentimento é confiança (sic). De que adiantaria mudar a roupa do Serra, ou injetar Botox? Seria outra pessoa. Algo falso. Melhor ser autêntico do que produzido. Estamos apostando na história dele e numa relação mais afetiva com o eleitor", disse um representante da equipe do tucano. Ele acreditava ser mais fácil trabalhar a aparência de um político que não tinha ainda uma imagem pública consolidada.

Em poucas palavras: como Dilma era uma ilustre desconhecida para a massa, sua reinvenção estética pode

[Digite texto]

influenciar, sim, o eleitor. Depois da repaginação, ela ficou "com ar mais sociável".

O antropólogo Roberto DaMatta é um dos convictos de que aparência ajuda a vencer eleição. Cita como exemplos o ator Ronald Reagan, nos Estados Unidos, e Collor de Mello, no Brasil: "Em nossa sociedade moderna, que valoriza tanto a imagem e o desempenho como comunicador, a beleza, a elegância e a postura são fundamentais. Entre os jovens, e especialmente em países como o Brasil, a atração física e sexual é o primeiro elo", completa DaMatta.

Mas ele não está sozinho nesta opinião. Há pesquisadores como a socióloga Catherine Hakim, que descreveu o valor da beleza em seu livro "Capital Erótico – Pessoas Atraentes são mais bem sucedidas". Ela defende que a atraência e a elegância, são atributos de vantagem para quem as possui, principalmente na esfera profissional.

Para Hakim, pessoas sedutoras conseguem convencer as pessoas com mais facilidade, e no mundo político precisamos ter em quem acreditar. Conseguimos desenvolver o capital erótico tendo uma conversa de conteúdo, sendo bom ouvinte e, sobretudo, nos vestindo bem e de acordo com a ocasião.

[Digite texto]

Psicologia das cores

Desde sempre as cores estão presentes na nossa vida, trazendo significado e emoção a ela. Alguns costumes sociais têm por trás as cores[2] que os representam, por exemplo:

Branco – vestido de noiva, pureza, santidade.

Preto – noite, negativo, sombrio, mas também sofisticação e elegância.

Azul – é a cor do infinito, dos sonhos, remete à inteligência, grandiosidade.

Roxo – remete à filosofia, contemplação, espiritualidade. É usado para comunicar melancolia, religiosidade.

Cinza – Pode ter conotação com a tristeza, com maturidade, quietude.

Vermelho – sangue, excitação, sensualidade, perigo.

Rosa – enxoval de mulher, ternura, ingenuidade, afeto.

São significados enraizados na nossa cultura, na nossa comunicação, de sensações visuais que definem estados emocionais. É comum expressarmos situações utilizando as

---

[2] As reações que temos às cores são as mais diferentes possíveis e dependem das experiências do indivíduo. As características aparentes das cores são 7: dimensão, peso, iluminação, temperatura, simbolismo, emoção e recordação.

[Digite texto]

cores: "a coisa ficou preta", "fiquei roxo de raiva", "que sorriso amarelo", "ele está vermelho de vergonha", "deu branco".

Mas não é só isso. Alguns estudos mostram como os grupos se comportam em relação às cores ao adquirir produtos. Os adultos, ao efetuarem compras para a família, preferem produtos contidos em embalagens em que há mais predominância do azul. A preferência leva vantagem em cerca de 50% na venda em relação a produtos com outras cores.

As pessoas mais jovens preferem cores fortes; o vermelho sai na frente com 50% de vantagem em relação a produtos de outras cores.

Apesar de não ser provado cientificamente, é sabido que as cores são usadas para efeito terapêutico.

É observado que, em época de crise, usamos os matizes mais sóbrias. Nos períodos de pós-guerra ou crises de outra natureza, a tendência é adotarmos paletas de cores escuras e pálidas, variando entre preto, cinza, bege, branco, refletindo o estado psicológico dos indivíduos.

Ao contrário, quando a vida, a sociedade, o país, está pungente, as cores são vivas, tanto no uso pessoal quanto em paredes, utensílios, carros, em tudo.

[Digite texto]

As cores que escolhemos também sugerem como somos emocionalmente. Segundo Van Kolck e Justo (1976), os sujeitos que preferem as cores quentes se caracterizam por serem receptivos e por abrirem-se às influências exteriores; possuem calor humano, são afetivos, sugestionam-se facilmente. Já as pessoas que apreciam mais as cores frias pouco se adaptam espontaneamente ao ambiente, possuem uma atitude de distância em relação ao mundo. Emocionalmente, são mais reservadas.

Van Kolck e Justo afirmam que a cor é "um elemento-base na interação eu-mundo". Os autores citam alguns perceptivos citados por Carl Jung (1947), o qual divide os grupos psicológicos em dois: introversão e extroversão, e para os quais atribui aos tipos introvertido o azul e o verde e aos extrovertidos o vermelho e o amarelo.

Vale ressaltar que não existem regras rígidas sobre o assunto. A utilização da cor e o seu significado depende do país, do grupo social e da pessoa individualmente quanto a seus gostos e experiências pessoais. Por exemplo, para alguém que vive no campo, o verde lembra colheita, trabalho, sustento. Para o executivo, o dinheiro. Para ambos, o verde significa sucesso.

[Digite texto]

Para um joalheiro, o amarelo referenciaria o ouro, consequentemente, a riqueza. Para as pessoas de um modo geral, a "atenção" do semáforo.

No mundo corporativo, há também uma lógica sobre como usar as cores nas roupas para informar profissionalismo e autoridade.

As cores se dividem em grupos e cada grupo é ideal para um tipo de roupa.

As cores neutras são: marinho, marrom, cinza e preto. Optamos por usá-las nas peças maiores, como ternos, paletós, casacos, saias, calças, *tailleurs*, vestidos, peças-chaves no guarda-roupa que duram bastante e que não costumamos comprar todo mês.

Essas peças também são adequadas nas cores básicas, que são cores quase neutras, mas que têm um colorido discreto: berinjela, verde militar, uva, petróleo. São cores boas também para peças mais clássicas e convencionais, como *blazers*, vestidos, saias, tricôs, malhas.

As cores coloridas são laranja, *pink*, coral, azulão, vermelho, verdão. Às vezes, são cores visualmente cansativas; o ideal é usá-las em áreas menores do corpo, como em lenços, bolsas, acessórios, camisas, blusas.

[Digite texto]

As cores claras e pastéis são branco, nude, cru, creme, azul e rosa bebês, lilás e similares, ideais para blusas, camisas e vestidos de festa para o dia.

As cores de camuflagem são aquelas que usamos quando desejamos ficar desapercebidos: marrom, bege e cáqui. Em um comício não são indicadas, pois nos deixam escondidos. Na cultura oriental, o marrom e suas derivações são associados a doenças e coisas ruins, devendo ser evitado em reunião com pessoas dessas origens.

Acertando a roupa ao evento

É muito comum termos dúvidas sobre os trajes indicados nos convites. A coisa é tão confusa que as lojas dispõem de profissionais para assessorar os clientes e ajudá-los a escolher a roupa certa.

Tantas variações podem parecer coisa de outro mundo: esporte, passeio, social, *Black tie*, gala. Mas não é tão complicado quanto parece. Seguindo as próximas orientações você nunca mais vai se sentir um peixe fora d'água por estar formal demais numa festa que pede traje esporte ou muito despojado num evento que exige uma produção mais elaborada.

Esporte

É a mais simples e informal de todas as roupas, mas isso não significa usar bermuda e tênis. É o traje para um churrasco ou almoço informal.

Homem

A ordem é dispensar a gravata e optar por um visual esportivo, mas sem perder a elegância. Calças de brim, sarja ou *jeans* caem bem nessas ocasiões. Elas podem ser usadas com camisas esportivas de mangas curtas ou longas ou com uma bela camisa polo, em tecidos rústicos, como o algodão. Sapatos mocassins esportivos ou *docksides* completam o *look*.

Mulher

[Digite texto]

Deve investir em roupas com tecidos simples, como o crepe e o algodão. Pode usar saia, calça comprida ou *jeans* com *top* ou túnica. Um vestido leve também é uma boa opção. Se a festa for à noite, pode caprichar mais. Evite tecidos com muito brilho e maquiagem pesada. Bijuterias, sapatos ou sandálias mais elaboradas completam o visual, que deve ser produzido.

Passeio

Antigamente chamado de *tennue de ville*, ele exige um pouco mais de cuidado, mas ainda indica um compromisso informal.

Homem

Para festas realizadas até o final da tarde, o homem pode vestir calça de sarja acompanhada de camisa clara (ou de listras finas) e *blazer*, terno claro ou ainda calça com *blazer* escuro. A gravata é opcional. Nos eventos noturnos, pode-se optar por um terno de tom escuro ou ainda calça com *blazer*.

[Digite texto]

Mulher

Os vestidos discretos, como um simples tubinho, são sempre adequados. Prefira os de tecidos leves, como a *mousseline* e o crepe. Outra opção é usar uma pantalona com uma blusa, ou ainda um *tailleur* de calça ou saia. Nos pés, sandálias de saltos médios ou plataformas. Bolsas de tamanho menor são indicadas para festas à noite. Complete o visual com joias discretas. Lembre-se de que, durante o dia, cabelo e maquiagem devem ser mais simples.

[D

Passeio completo

Eventos que indicam essa roupa são mais formais do que os anteriores. Pedem atenção e requinte com a produção. São os trajes que usamos em eventos depois das 18 horas, como casamentos, lançamentos de produtos, festas elegantes, concertos e jantares formais.

Homem

O traje deve ser traduzido como terno e gravata, obrigatoriamente. O homem deve optar por terno de padrão único em tom escuro, como azul-marinho, grafite ou risca de giz, com camisa social branca ou azul-clara, e gravata com estampa discreta. O colarinho, de preferência, deve ser sem botão.

Mulher

Pode aproveitar a ocasião para usar vestidos com decotes discretos em tecidos nobres, como a seda, o *shantung* e o tafetá. Também pode investir em transparências, como o do *mousseline*, e em bordados sutis. *Tailleurs* são permitidos, desde que sejam de tecido nobre. Para acompanhar o *look*, xales, echarpes e casaquinhos, calçados de saltos altos e bolsas pequenas. Capriche no cabelo e na maquiagem.

[Digite texto]

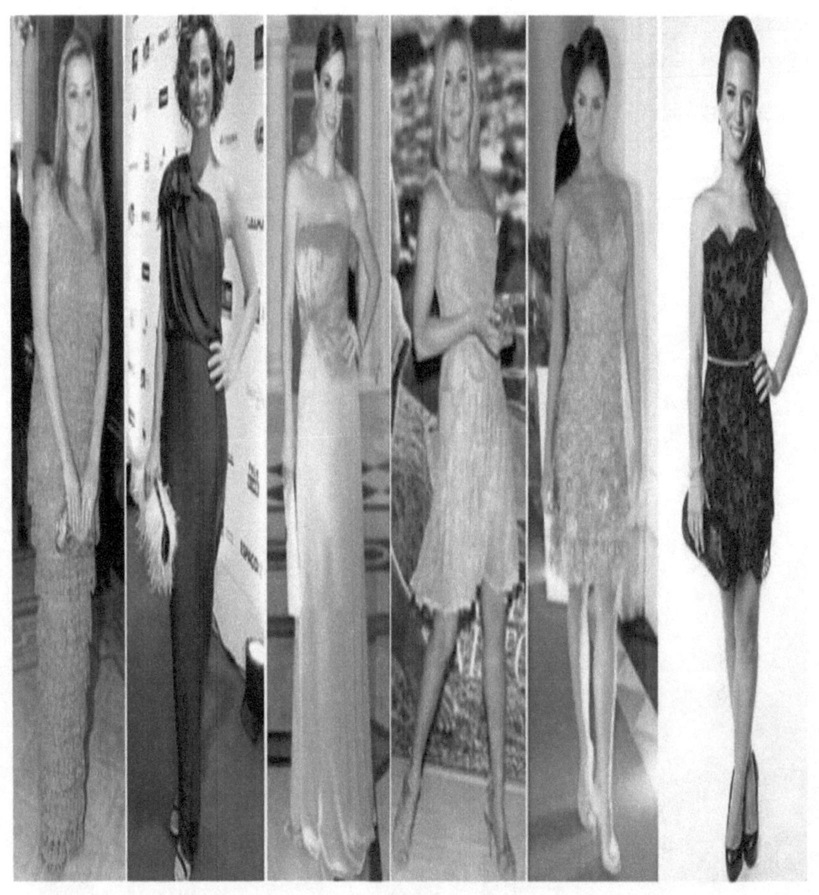

A rigor

Ocaslão que é sinônimo de *glamour* e requer um visual sofisticado.

Homem

Black Tie – deve ir de *smoking*. A camisa é branca com pregas, gravata borboleta e faixa, sempre preta. Quem optar por alugar o traje deve observar se o tecido está em boas condições. Sapatos pretos com verniz. Não se usam *smokings* em casamentos.

Mulher

O vestido é o traje mais apropriado para a ocasião.

Ele pode ser curto ou longo e deve ter detalhes como uma fenda ou um decote mais pronunciado. O tecido deve ser nobre, como a seda, a renda, a casimira e o tafetá. Complete o visual com echarpe ou estola, joias, calçados de saltos altos e bolsa pequena. Capriche na maquiagem e nos cabelos presos num belo penteado.

O mais exigente de todos. Os convidados devem se vestir com elegância e muita sofisticação.

gala

Homem

Casaca – é o traje adequado para festas de gala. Ele nasceu na França como *habit de cour*, mas foi sendo substituído pelo *smoking* e hoje só é usado em bailes ou para recepções muito solenes, por exemplo, em honra de reis e chefes de Estado. O paletó é preto com cauda longa e bipartida, gravata borboleta branca e camisa de colarinho alto com as pontas viradas para cima. O sapato é do tipo social preto, sem cadarço. Como nunca usamos este traje, se você for alugar um, observe cuidadosamente o tecido e o acabamento da roupa que escolher

White Tie ou fraque – é o traje de gala apropriado para cerimônias de dia. Na Inglaterra, é chamado de *morning coat*. No Brasil, muitos noivos o usam de forma equivocada à noite. Para acompanhar este traje, as mulheres devem usar chapéu, vestido curto e luvas, dita o protocolo.

Mulher

Vestido sempre longo, abaixo do tornozelo, é o recomendado para elas. Jamais devem vestir calça ou conjunto de saia e blusa em situações de gala. Os tecidos devem ser nobres, como a seda e a renda. Os bordados também casam com a ocasião. Sandálias ou sapatos altos, bolsa pequena e joias completam o *look*. Cabelo e maquiagem devem estar impecáveis.

Curiosidade

A origem do termo *Smoking* se deu nos anos 1920. Após o jantar, as mulheres se retiravam do ambiente, deixando os homens livres para conversar e fumar.

Eles tiravam seus fraques e casacas e vestiam seu *smoking jacket* (paletó de fumar). Quando terminavam, colocavam novamente seus paletós para se reunirem com elas sem o cheiro de tabaco.

Últimos alertas

Mau hálito, Eu?!

O hálito tem de estar em dia. Ninguém vai te dizer que você está com mau hálito, ok?

E você que terá que cumprimentar o povo, conversar com ele, precisa estar com o hálito em dia para não afastar as pessoas de você ou deixar uma má impressão sobre alguém que exala mau cheiro pela boca e que tem bafo de leão.

Normalmente, este problema é derivado de gengivites e má escovação. Longos períodos em jejum também podem resultar em diminuição da saliva e aparecimento de placa bacteriana sobre a língua (língua branca), combinando resto de alimentos e células que se desprendem da mucosa bucal.

Problemas emocionais, diabetes e prisão de ventre devem ser considerados como possíveis agentes da halitose (nome oficial do mau hálito), mas só um dentista poderá avaliar o caso e tratá-lo. Contudo, 96% dos casos se devem à presença de bactéria na língua, segundo os especialistas.

Além da questão de saúde, o problema afeta a relação social e pessoal da pessoa portadora de halitose. Ela é discriminada e isolada pelo seu grupo, porque o cheiro realmente é desagradável.

Uma dica para mascarar o odor:

Comer a cada três horas e beber água nos intervalos das refeições evita o odor desagradável na boca.

Ande também com alguma balinha ou chicletes de sabor forte. A goma melhora o cheiro e faz com que o fluxo salivar seja estimulado.

Beber bastante água ajuda, porque evita a redução do fluxo salivar, que favorece a saburra lingual, segundo os especialistas.

Faça o teste para saber se você tem halitose: Coloque sua língua para fora da boca. Com a parte do fundo da língua dê uma lambida no pulso e espere 5 segundos. Cheire seu pulso a uns 10 cm de distância. Este é o cheiro que as pessoas sentem ao ouvirem você falar algo perto delas.

Perfume

Sabe a nossa máxima "a primeira impressão é a que fica?", pois ela se reflete no aroma que deixamos por onde andamos também.

O cheiro também deixa marcas sobre a nossa personalidade e sofisticação, ou falta dela. O perfume que se usa é o convidado que ninguém vê, mas que ninguém esquece,

[Digite texto]

pelo bem ou pelo mal. O uso inadequado de perfume pode gerar muitas gafes.

Algumas pessoas saem do banho e espirram uma lavandinha e pronto. Outras, mais vaidosas, exageram nos adocicados e amadeirados. Gosto é gosto, mas há regra para se perfumar, até porque não estamos sozinhos no mundo e, para se fazer gostar, também é preciso respeitar o olfato alheio.

No Japão, fragrâncias fortes não fazem sucesso, são consideradas deselegantes, pois obrigam os outros a sentir o seu cheiro. Já em países emergentes, como os da América Latina, onde as pessoas são sensuais e sedutoras, e na Índia, que tem uma cultura vinculada a aroma e essências, os perfumes mais intensos são os preferidos.

Em que pese que devemos ser cheirosos, não podemos usar de tudo sem critério, há hora para usar perfume.

Para comícios em lugar fechado o padrão *Angel*, *Paloma Picasso* e *Poison* são pesados e encabeçam a lista dos proibidos, mas liberados para um encontro romântico à noite. Para não errar use um unissex, que serve para qualquer hora e situação, ou os clássicos.

Está certo quem disse que a manhã pede perfumes frescos, não significando ter de apelar para um perfuminho com cheiro de mato. Foi-se o tempo em que só se lançavam

[Digite texto]

fragrâncias sofisticadas para a noite. Alguns, como *Kenzo*, os *Bulgares*, *Carolina Herrera*, *Versace* e os *Mont Blanc*, tanto masculinos quanto femininos, são ótimos para o dia.

É bom lembrar que, quanto mais quente e úmido o tempo estiver, mais evidente ficará o perfume. O contrário é verdadeiro. No frio, até um marcante como o *J'Adore* da *Dior*, fica discreto.

Usar uma única fragrância a vida toda demonstra falta de criatividade e de atualização com o que ocorre no mundo, mas também não se renda a todos os lançamentos. Claro que a perfumaria, como a moda, segue tendências, contudo, se o lançamento não combina com o seu estilo, esqueça.

Lembre-se de que aquelas duas gotinhas que você passa para se perfumar contêm mais do que fragrância, inclui atitude, pois o perfume pode nos transformar em deuses ou monstros. Na dúvida, modere.

[Digite texto]

CONCLUSÃO

Dada a importância da imagem refletida na postura, na comunicação interpessoal, nos modos e na aparência, que afeta diretamente onde o eleitor se apoia para sua tomada de decisão na hora de votar, e a influência desses fatores na composição da credibilidade, podemos concluir que o marketing pessoal é um elemento decisivo cuja falta pode comprometer de fato a forma como as pessoas julgam os candidatos políticos.

Os eleitores avaliam seus candidatos políticos por esses sinais, que devem informar, já na primeira impressão, competência, liderança, boa aparência e credibilidade.

Mesmo que sua imagem já esteja desenvolvida, você deve, entretanto, colocar periodicamente a si mesmo as seguintes questões: Será que eu sei realmente como o meu eleitorado me vê?, A minha comunicação interpessoal está influenciando positivamente as pessoas?

Se você responder sim a todas as questões acima referidas, não tem muito que se preocupar, a imagem está deve mantida, no entanto...

[Digite texto]

Lembre-se que a imagem ideal e que se destaca em qualquer candidato é uma imagem que transmite honestidade e encantamento.

No jogo da diferenciação, tenha em mente que a única diferenciação sustentável ao longo do tempo e que perdura é aquela baseada nas pessoas, no brilho do olhar, na atenção, no calor do toque, na maciez da voz, aspectos que máquina ou virtualidade alguma será capaz de reproduzir ou substituir.

Romaly

Referências Bibliográficas

ANVISA. Resolução nº 9. Disponível em: <http://portal.anvisa.gov.br/wps/wcm/connect/d094d3004e5 f8dee981ddcd762e8a5ec/Resolucao_RE_n_09.pdf?MOD=AJP ERES>.

ARRUDA, Fábio. **Sempre, às vezes, nunca**. São Paulo: Comemorativa, 2003.

BEE, Frances; BEE, Roland. *Fidelizar o cliente*. São Paulo: Nobel, 2000.

[Digite texto]

CARNEGIE, Dale. Como fazer amigos e influenciar pessoas na era digital, 2011.

CATHO. **A contratação, a demissão e a carreira dos profissionais brasileiros**, 2007.

CIALDINI, Robert. **As armas da persuasão**, 2009.

COBRA, Rubem Q. **Precedência e importância social.** Brasília, 2001. Disponível em: <http://www.cobra.pages.nom.br/bmp-precedencia.htmlwww.cobra.pages.nom.br>.

DIÁRIO DA SAÚDE. **Primeira impressão é a que fica**: neurocientistas descobrem onde. Mar. 2009. Disponível em: <http://www.diariodasaude.com.br/news.php?article=primeira-impressao-e-a-que-fica-neurocientistas-descobrem-onde&id=3885>.

GAIARSA, Ângelo. **Tratado geral sobre a fofoca.** São Paulo: Summus Editorial, 1978.

KOTLER, Philip. *Marketing de A a Z* – 80 Conceitos que todo profissional deve saber. Campus Elsevier, 2003.

PEASE, Barbara; PEASE, Allan. **Linguagem corporal no trabalho** – como causar uma boa impressão e se destacar na carreira. Sextante, 2013.

PIERRE, Weil; TOMPAKOW, Roland. **O corpo fala** – a linguagem silenciosa da comunicação não-verbal. 62. ed. Rio de Janeiro: Vozes, 2001.

PINSKY, Jaime. **Cultura e elegância**. Apresentação de Eleonora Mendes Caldeira. São Paulo: Contexto, 2005.

POLITO, Reinaldo. **Dez lições curiosas de oratória**, 2009. Disponível em: <http://www.polito.com.br/portugues/artigo.php?id_nivel=12&id_nivel2=155&idTopico=952>.

PORTUGAL Protocolo. **Traje de gala ou cerimónia**. Disponível em: <http://www.portugalprotocolo.com/IM_TRAJE_TRAJEGALA.php>. Acesso em: 27 nov. 2013.

REIS, João José. **A morte é uma festa**: ritos funerários e revolta popular no Brasil do século XX. São Paulo: Cia. das Letras, 1991.

RIBEIRO, Célia. **Etiqueta no século XXI** – um guia prático de boas maneiras para os novos tempos. 2. ed. Porto Alegre: L&PM, 2006.

RIGHT Management. Disponível em: <http://www.rightmanagement.com.br/pt/case-studies/leader-development/default.aspx>.

[Digite texto]

ROCCA, Barbara. **Guia de boas maneiras para viajantes**. Tradução de Denise Rossato Agostinetti. São Paulo: Itália Nova, 2004.

RUBIN, Elycia; MAURERI, Rita. **Do brega ao chique em 15 minutos** – dicas de estilo para todos os tipos de mulher. São Paulo: Madras, 2005.

TAVARES, Thiago Rodrigues. **Um ritual de passagem**: o processo histórico do "bem morrer", 2011.

TECHNET. **Redes sociais.** Disponível em: <http://www.techenet.com/2011/01/facebook-ja-e-o-3%c2%ba-maior-site-do-mundo/ e >.

VAN KOLCK, Theodorus; JUSTO, Henrique. **O teste das pirâmides de cores**. São Paulo: Vetor, 1976.

VANDERBILT, Amy. **O livro completo de etiqueta**. Reescrito e atualizado por Nancy Tuckerman e Nancy Dunnan e comentado por Carmen Mayrink Veiga. Rio de Janeiro: Nova Fronteira, 2000.

WIKIPEDIA. **Netiqueta.** Disponível em: <http://pt.wikipedia.org/wiki/Netiqueta>.

Citação: CHIAO, JY, Bowman NE. Gil H (2008). O Gender Gap político: o preconceito de gênero em inferências faciais que

[Digite texto]

prever o comportamento da votação. PLos One 3 (10): e 3666 doi: 10.1371/jornal.pone 0003666.

Referências bibliográficas:

Kyrillos e Jung. Comunicar para liderar, 2015. Editora Contexto

Gomes, Wilson. Política de Imagem. São Paulo, 1999 (http://bc.ufg.br/up/88/o/Artigo_-_Rose0001.pdf).